[美] 霍华德·加德纳　　[美] 大卫·亨利
[美] 玛拉·克瑞克维

U0745759

多元智能的理论与实践：
让每个儿童在自己强项的基础上发展

陈杰琦　[美] 玛拉·克瑞克维斯基　[美] 朱莉·维恩斯 /编
方钧君 /译　李季湄 刘晓燕 /校

BUILDING ON
CHILDREN'S STRENGTHS:

THE EXPERIENCE OF
PROJECT SPECTRUM

北京师范大学出版集团
BEIJING NORMAL UNIVERSITY PUBLISHING GROUP
北京师范大学出版社

图书在版编目(CIP)数据

　　多元智能的理论与实践：让每个儿童在自己强项的基础上发
展/陈杰琦，(美)克瑞克维斯基，(美)维恩斯编；方钧君译. —北
京：北京师范大学出版社，2015.6(2025.1 重印)

　　(多元智能丛书)

　　ISBN 978-7-303-18909-0

　　Ⅰ.①多… 　Ⅱ.①陈… 　②克… 　③维… 　④方… 　Ⅲ.①
儿童教育-教学法 　Ⅳ.①G612

　　中国版本图书馆 CIP 数据核字(2015)第 079113 号

DUOYUAN ZHINENG DE LILUN YU SHIJIAN：RANG MEIGE
ERTONG ZAI ZIJI QIANGXIANG DE JICHU SHANG FAZHAN

出版发行：北京师范大学出版社 https://www.bnupg.com
　　　　　北京市西城区新街口外大街 12-3 号
　　　　　邮政编码：100088
印　　刷：北京天泽润科贸有限公司
经　　销：全国新华书店
开　　本：787 mm×1092 mm　1/16
印　　张：11.25
字　　数：150 千字
版　　次：2015 年 6 月第 1 版
印　　次：2025 年 1 月第 7 次印刷
定　　价：32.00 元

策划编辑：叶　子　罗佩珍　　责任编辑：齐　琳　王星星
美术编辑：焦　丽　　　　　　　装帧设计：焦　丽
责任校对：陈　民　　　　　　　责任印制：赵　龙

中文版序言

霍华德·加德纳　大卫·亨利·费尔德曼

很荣幸，我们和我们的同事们在多彩光谱项目中所取得的工作成果被译成中文，即将与广大的中国读者见面。在此，让我们首先对翻译者们的辛勤劳动表示感谢。

多彩光谱项目是在美国的文化背景下进行的，是对美国早期儿童教育中的一些迫切问题而做出的反应。但是，我们希望这一针对美国的问题而做出的努力同样能让中国的同行们、教师们、家长们以及决策者和孩子们获益。

我们认为，在美国，对教育成功与否的评价过分地依赖心理测试和标准化测量。而且，这种把标准化学业课程和具有同样倾向的标准化测验推向学前教育的压力正与日俱增。教育系统成了筛选机器，人们经常以一个标准评价学习，并看谁适合这个标准才让谁受教育。

多彩光谱项目力图倡导一种完全不同的方法，让教育去发掘每一个儿童的特点，适应他们的能力水平，并使他们得到最大限度的发展。这是儿童早期教育的一种重新定位，因为它强调每一个儿童独特的、与众不同的能力；重视以系统的方式，在自然的环境里观察、了解、评价儿童的学习和发展；并提倡把这种方式融入幼儿园教室里每天的日常活动中去。多彩光谱项目的经验证明，所有这些理念、思想都是可操作的。

尽管我们知道中国的情况与美国盛行的做法有着巨大的差异，但是，我们希望多彩光谱项目的工作及其指导思想能引起中国读者的兴趣。除此之外，我们还希望通过本书的中文版，进一步促进中美之间在早期儿童教育和儿童发展方面的观点、经验的交流。

多元智能丛书——《多元智能的理论与实践：让每个儿童在自己强项的基础上发展》《多元智能理论与儿童的学习活动》《多元智能理论与学前儿童能力评价》——是美国哈佛大学著名的零点工程项目的一个子项目，即多彩光谱项目研究成果的总结。

多彩光谱作为项目的名称，象征着每个儿童智能、风格、潜能所表现出的广泛的多样性。该项目从 1984 年开始，历时 9 年，它致力于将美国图佛兹大学费尔德曼教授的非普遍性发展理论和哈佛大学加德纳教授的多元智能理论运用到教育实践中去，开发一套与传统的标准化测试不同的、与多元智能理论相适应的儿童智能评估工具和发展儿童多元智能的活动系列。

《多元智能的理论与实践：让每个儿童在自己强项的基础上发展》一书阐述了多彩光谱的理论基础，同时也对实践进行了回顾与反思。

多彩光谱的理论基础是两种不同于传统的认知发展理论，即多元智能理论和非普遍性发展理论。

费尔德曼教授的非普遍性发展理论挑战了"智能发展是必然的，每个儿童无论其背景和经历如何，其智能都能得到相同的发展"的观点，扩展了发展心理学的认知发展观，使发展心理学能更好地包含一些并非自发地而必须有个体的努力和外部的支持（如某种教育）才能出现的认知变化。费尔德曼认为，人的发展范围可以由普遍领域到独特领域，在普遍性领域的发展是人人都可以达到的，而在独特性领域，就并非人人都能达到完全相同的发展，因为这需要个体特殊的条件和持续的外部支持（如教育）。多彩光谱项目观察了儿童在普遍和独特领域的智能，当然，"不是为了发现 5 岁的自然学家或诗人，不过是想了解在儿童早期，诸如对自然的不同寻常的敏感或对语言的富有表现力的运用等智能是如何展现出来的"。

加德纳教授的多元智能理论已为我国广大教育工作者所熟悉。他和费尔德曼教授一起，对已有的智能观提出了挑战。比如：为什么智商可以预测儿童在学校的学习成绩，却难以预测人在社会中是否能有所成就？跨文化研究的结果表明，智力的发展和表现都因文化而异，那么无视文化差异的智力评价标准是否合理？智力的判断是否应当考虑个人也考虑社会和文化？从个体发展史看，皮亚杰的四个发展阶段是以儿童数理—逻辑思维为关注对象的，但这些发展阶段是否也适用于儿童在非数理—逻辑思维领域里的发展？不同的知识领域使用不同的符号系统，需要不同的操作机制。例如，空间认知能力对视觉艺术是必不可少的，而声音高低的区分能力则是音乐欣赏和创作的前提之一，这些不同领域的学习是否可以相互迁移？如果答案是否定的，那么一个统一的智商是否能准确表达个人的智力？等等。在研究的基础上，加德纳提出了一个新的智力定义，即"智力是在某种社会或文化环境的价值标准下，个体用以解决问题、生产和创造成果所需的能力"。他指出，人类所有个体都至少拥有七种相对独立的智能，即语言智能、数理逻辑智能、视觉空间智能、音乐智能、身体运动智能、人际交往智能、自我认识智能等（后来增加了第八种智能，即自然认识的智能），每一种智能都有自己的符号系统和解决问题的方法。当然，正如加德纳教授所说，重要的不是七种或者八种、九种智能，而是一种多元地认识、理解和研究智能的方法。而传统智能观却认为智能是一种单一的能力。

两位教授的理论都共同关注人类智能的多元本质，都承认生物潜能和在文化环境中的学习机会之间互动的重要性，都相信人类文化不仅仅影响，而且积极地建构着个体的发展，都承认儿童智能的差异和特殊性，以及个体在不同领域中其认知能力发展的非同步性，等等。正如费尔德曼教授在《多彩光谱的起源》一文中所介绍的那样，多元智能理论和非普遍性发展理论共同构筑了多彩光谱项目活动及评估领域的理论框架。

书中描述了多彩光谱的实践——开发不同于传统测试的智能评估工具；发现并培养那些学业困难儿童的智能强项来帮助他们改善学业成绩；把教室拓展到社区，利用广大社区资源为儿童创设"共鸣"的学习环境（包括将儿童在博物馆与在教室里的学习经验联系起来；邀请适合于儿童的兴趣和智能强项的专业人士所组成的顾问团到教室帮助教学）；等等。另外，书中还列举了四个通过不同方式运用多彩光谱的实例，通过这些实例，可以领略到多彩光谱教室（学校）的典型特征。在该书的最后，由加德纳亲自执笔，对实践进行了总结和反思，提出了多彩光谱所起的桥梁作用——例如在理论与实践之间、在教师与研究者之间、在学校与社区之间、在儿童的智能强项与其需要掌握的课程学习技能之间等，都通过多彩光谱项目而将它们连接起来。

《多元智能理论与儿童的学习活动》和《多元智能理论与学前儿童能力评价》两书则在上述理论的基础上，在语言、数学、运动、音乐、科学、机械和构建、社会理解、视觉艺术八个领域分别为学前和小学低年级儿童设计和开发了比传统早期教育方案更能广泛地触及儿童认知能力和风格的活动系列和评估方法。

在《多元智能理论与儿童的学习活动》一书中，共提供了八个领域的一百多个活动，平均每一领域都有15～20个活动，活动中既有自由游戏，又有结构性活动；既有以儿童为主的小组活动、大组活动，又有教师指导的小组活动、大组活动。而且，在每个领域的活动前面都列出了决定成功的"关键能力"，这些关键能力均是经过实验研究、文献查阅或与专家商讨而确定的。例如，科学领域的观察技能、区分相似和不同、假设和验证、对自然现象的兴趣等；运动领域的身体控制、表现力、运动创意、律动能力等。每一个活动还列出了目标、核心要素、材料、步骤，结尾还有注意事项以及将活动多样化、修改、扩展的建议等。可以说，该书为教师了解和发展儿童的智能强项提供了操作性极强的方法和十分便捷的途径。特别值得一提的是，该书强调与家长共享有关儿童智能强项的信息和培养的方法等，因此在每一章末尾都附有"带回家的活动"，还给家长提出了和儿童一起活动的建议和必要的方法。

在《多元智能理论与学前儿童能力评价》一书中，设计了一套依据更宽阔的智能观展现儿童智能多样性的评估方法。这套方法和评估材料的特点是：它用一系列涵盖各个领域的、与儿童日常生活联系的学习活动，让儿童真实地完成任务，在此过程中来识别和培养儿童，特别是那些面临学业失败的儿童的智能和兴趣，为教师发现、确认儿童的智能强项，尤其是他们在音乐、运动、机械以及其他一些通常不被重视的领域的智能，提供充分的正面信息。例如，让儿童像电视记者一样进行采访来展现口语技能；通过写信或在班级报刊上"发表"诗来展现书面语言技能；通过玩恐龙游戏、计算上下公共汽车的人数来展现数学能力；等等。另外，该书除了关注儿童的智能特点之外，还在实验观察的基础上列出了一张"活动风格观察表"，以反映儿童在某一领域中与材料的互动方式和个性特点。当然，多彩光谱评估方法并不意欲取代智能的标准化测试，它的目的只是尽量扩展儿童智能概念的范围，提供一个在广阔领域内评价智能的实用技术，改变那种不考虑人所处的环境和文化，总是孤立地、与人所从事的实际社会活动相分离地进行评价的方法。

大量来自教师的反馈证明，本书中编录的评估方法给教和学带来了重要的变化。这种更具自然性的评估形式指出了儿童不同于他人的能力和个性化的学习方式，从而成为教育改革的有力工具。它帮助教师在更广阔的范围内，更多样化地观察、了解儿童的智能结构特征和强项，从而为调整、扩展课程，开发个别化教育方案打下了基础。"活动风格观察表"也为教师进行个别化指导提供了科学的根据。例如，如果识别出儿童在某些领域中有信心、很主动，那么就把监控降低到最小限度；而如果儿童容易分心，那么就设计能较快完成的活动。多彩光谱让儿童能够在广泛的学习体验中充分地发展自己的潜能和兴趣，特别是发现自己被传统评估工具所忽略的强项，从而获得成功感、积极的自我认同感和对学习的积极情感。

目前，我国的基础教育正在进行一场重大的改革，《幼儿园教育指导纲要（试行）》和新颁布的《3～6岁儿童学习与发展指南》也正在实施。如何改革课程、改革传统的教与学的方式，更加全面、深入地推进以儿童发展为本的素质教育，如何帮助每一个儿童实现其富有个性的发展，如何评价儿童的能力和学习效果……成为每一个教师、家长乃至全社会都共同关心的问题。不难看到，建立在多元智能理论基础上的多彩光谱的研究成果在某种程度上给了我们解答这些问题的钥匙——它所倡导的多元的、开放的、尊重文化差异和个体差异的、重视实践效果的智能观和教育理念给我们以深刻的启迪；其开发的活动和评估方法提供了大量有价值的、可操作的经验和策略。这些具体而实用的内容和方法不仅能够帮助教师更全面、更深刻地认识每个儿童的能力特征，提高发展性教学、个性化教学的技能，还能让那些在传统评估中没有优势可言的儿童得以发现自己的智能优势，重塑自尊和自信，大大减少学业失败的可能性。

多彩光谱项目的成果充分表明，对智能本质的不同理解会产生完全不同的教育观念和教育实践。那么，我们有理由相信，多彩光谱及其所依据的多元智能发展理论将给我们的教育理论和实践带来新的生机和活力，将促进我们更深入地改革传统的教育观念和教与学的方式——这正是我们翻译这套丛书的目的。

译　者

2015 年 3 月

致 谢 ZHIXIE

我们要感谢威廉·T. 格兰特基金会（William T. Grant Foundations）、洛克菲勒兄弟基金会（the Rockefeller Brothers Fund）、斯宾塞基金会（the Spencer Foundation）以及国家儿童健康和人类发展学会（the National Institute of Child Health & Human Development）的资助，没有他们的支持，我们的研究很难开展，更不会有今天的这本书。

多彩光谱项目在各阶段的发展都得益于诸多人的努力。首先最重要的，我们要向那些参加我们研究的马萨诸塞州波士顿地区的美德福德市（Medford）艾略特－皮尔逊幼儿园（the Eliot-Pearson Children's School）、萨莫威尔市（Somerville）的卡明斯学校（the Cummings School）、肯尼迪学校（the Kennedy School）和冬山学校（the Winter Hill School）、萨莫威尔市SMILE计划、罗克斯巴勒（Roxbury）的梅森学校（Mason School）的家长及其孩子表示诚挚的感谢。这些家庭对学习的渴望和对探索新的教育领域的热情激励着我们。

我们还要感谢那些在研究的第一阶段帮助我们克服困难将理论应用到实践的艾略特－皮尔逊幼儿园的领导、教师和大学生，她们是：Betty Allen，Ellen Band，Jinny Chalmers，Carolee Fucigna，Matthew Goodman，Penny Hauser-Cram，Cynthia Lawrence，Priscilla Little，Sunita Mookerjee，Mark Ogonowski，Ann Olcott；还要感谢帮助开发评估方法和活动的最初研究小组成员：Margaret Adams，Jenifer Goldman，Lori Grace，Thomas Hatch，Laurie Leibowitz，Ulla Malkus，Valerie Romos-Ford，Janet Stork，Carey Wexler-Sherman；感谢为本研究贡献了他们智慧和知识的专家：David Alexander，Kathy Cannon，Lyle Davidson，Martha Davis，Deborah Hicks，Matthew Hodges，Sylvia Feinburg，Lynn Meltzer，Larry Scripp，Joseph Walters，Ellen Winner，Dennis Palmer Wolf；感谢明迪·科恩哈伯（Mindy

Kornhaber)和珍妮特·斯多克(Janet Stork)为本书提供了有益的建议。

　　感谢萨莫威尔公立学校的教师：Mary Ann DeAngelis, Pamela Holmes,
Marie Kropiwnicki, Jean McDonagh, 她们实践了多彩光谱活动并反馈给我
们宝贵的信息；感谢前任学校督导约翰·戴维斯(John Davis)和课程主管韦
恩·拉哥(Wayne LaGue), 他们一直支持我们在其所在区域的研究；感谢项
目研究员罗杰·登姆普西(Roger Dempsey)、科琳·格林(Corinne Greene)、
米里亚姆·雷达－罗斯(Miriam Raider-Rosch)、温尼弗雷德·欧图(Winifred
O'Toole), 他们致力于评估活动的开发并积极与教师合作；感谢我们的研究
助手：Andrea Bosch, Jill Christiansen, Jim Gray, Elise Miller, Ilyse
Robbins Mohr, 她们帮助我们进行评估活动的观察。还要感谢本研究项目的
顾问安妮·本杰明(Ann Benjamin)、林·福斯利(Lyn Fosoli)、罗杰·韦斯伯
格(Roger Weissberg), 他们为本研究提供了非常有价值的建议和指导。

　　我们要感谢参与合作的波士顿儿童博物馆和萨莫威尔 SMILE 计划，感
谢所有这些博物馆合作伙伴，尤其是博物馆代理人。特别要感谢领导博物馆
小组的杰瑞·鲁滨孙(Jeri Robinson)和简·摩尔(Jane Moore), 还有慷慨与
我们共享 SMILE 教室的谢丽尔·希布鲁克－威尔逊(Cheryl Seabrook-
Wilson)。我们还非常感谢我们研究小组的同事：罗谢尔·福雷(Rochelle
Frei)以及项目负责人瓦莱丽·罗莫斯－福特(Valerie Romos-Ford), 他们为
研究付出了艰辛的努力和智慧。

　　在多彩光谱建立联系的项目中，我们要特别感谢我们的顾问团：Leo
Boucher, Jackie Cooper, Aldo Ghirin, Vineet Gupta, Amatul Hannan,
Reginald Jackson, John Piasta, Ron Reid, Reggie Sampson, Lena saunders,
他们每周一次对儿童的造访给儿童带去了友谊、技能和热情。与我们共事的
是一个非常棒的具有奉献精神的研究小组：Amy Norton, Nathan Finch,
Miriam Raider-Roth; 还有 Heping Hao 帮助整理资料。我们还得到了梅森
学校 Mary O'Brien, Gwen Stith 和 Lindsay Trementozzi 等教师的帮助，以
及校长玛丽·卢梭(Mary Russo)和家长顾问咨询委员会成员 Susan Donath,
Willian Moran, Debbie Rambo 的帮助，感谢他们热忱的奉献和建议；感谢波

士顿教育顾问：Lonnie Carton，Marta Dennis 和 Arthur Kempton，他们的经验在本研究中起着关键的作用。

我们要感谢以下人员向我们讲述了各领域多彩光谱的状况：William Bruns，Karen Bulman，Bruce Campbell，Sheila Callahan-Young，Julie Carter，Margaret Daugherty，Patricia Fernandes，Jo Gusman，Carol Hylton，Christa Norment，Hilda Rosselli，Joyce Rubin，Pam Prue，Wave Starnes，他们把多元智能理论应用到实践中的信念、思考和经验与我们分享，我们还非常感谢明迪·科恩哈伯（Mindy Kornhaber），她将博士研究所获得的观察记录和思考提供给我们。

最后，我们诚挚地感谢艾米丽·伊斯伯格（Emily Isberg），她负责本书的编辑，而且帮助我们将不同的声音融会于一本书；感谢教师学院出版社的布赖恩·艾勒贝克（Brian Ellerbeck），正是因为他的洽谈才能和耐心，才使本书得以最终出版；感谢教师学院出版社的劳瑞·泰特（Lori Tate），他负责本书的录入工作。

　　本书将向各位介绍多彩光谱项目的研究历史，这一为期 10 年的研究项目致力于开发一种新的课程及评估方法，这种方法尊重儿童在学前和小学低年级阶段所表现出来的各种兴趣和能力。

　　以下篇幅将为读者阐述一套心理学理论如何从研究者那儿应用到实践之中，然后又如何很快进一步扩大到社区范围。这些理论包括霍华德·加德纳（Howard Gardner）的多元智能理论（MI）和大卫·亨利·费尔德曼（David Henry Feldman）的非普遍发展理论（nonuniversal theory），这两种理论都有力地揭示了个体学习的不同方式，一旦它们被应用到早期教育中，我们将看到每个儿童所表现出的不同能力或者称之为多元智能的认知结构，而且，这些智能可以通过环境中富有激发意义的材料和活动得到加强。

　　我们通过多彩光谱教室的试验努力寻求如何将我们的信念最好地应用到实践中的办法。我们希望能通过本书，与我们的读者——教育专家以及其他热心于我国儿童学校教育问题的同人——分享我们另辟蹊径探索后的收获。

　　《多元智能的理论与实践：让每个儿童在自己强项的基础上发展》是众多研究人员经过多彩光谱项目长期研究之后的结晶。执笔者主要有五位：塔夫茨大学的大卫·亨利·费尔德曼和哈佛大学零点项目处的霍华德·加德纳，这二位是多彩光谱的创始者，他们奠定了该项目的理论基础；玛拉·克瑞克维斯基（Mara Krechevsky）负责对幼儿智能强项的评估；陈杰琦考察了如何通过识别那些学业困难儿童的智能强项来帮助他们；朱莉·维恩斯（Julie Viens）探索如何将社区资源引入到教室。自由撰稿人艾米丽·伊斯伯格（Emily Isberg）则帮助我们进行统稿和编辑。本书的主体部分由克瑞克维斯基、陈杰琦和维恩斯共同担纲，而开首和结尾的两章则分别由费尔德曼和加德纳执笔，在这两章中，两人分别反思了项目研究的目标和已经取得的成绩。

在第一章中，费尔德曼阐述了多彩光谱的理论基础——他的非普遍发展理论和加德纳的多元智能理论。有别于传统的智能观，这两种理论论证了儿童表现出的能力要远远超过学校评估、IQ 测试及其他一些标准化测试所能考察到的能力；许多在纸笔测试中被认为缺乏能力的儿童可能在视觉艺术、运动、社会理解等领域具有智能强项，而这些领域都可以成为学校课程的一个切入口。

第二章叙述了我们在马萨诸塞州的美德福德市开发评估工具的实践过程，我们期望开发一套能够在更广阔范围内更深入地评估儿童智能强项的评估工具。实践证明评估之前需要提供某些指导。由于我们主张把儿童放在完成真实任务的情境中进行评估，因此我们要求儿童使用"行业工具"。例如，视觉艺术领域使用画笔或记号笔，机械领域使用钳子，语言领域讲故事时使用玩具道具等。倘若儿童对材料或材料的使用方式不熟悉，我们则设置一些活动引导他们逐渐了解我们的评估活动。最终，我们创设了一个评估与课程有效互动、共同促进儿童在特定领域表现的教室环境。

第三章涉及我们研究的第二阶段——我们是否能够通过发现并培养那些学业困难儿童的智能强项，来改善他们的学业成绩。我们分析了教师在设置各学习区时（在学习区中儿童能够弹奏乐器、操作木工工具等吸引人的材料）所遇到的困难，描述了他们在儿童身上发现以前没有看到的能力时的兴奋，最后还总结了他们如何利用儿童的能力和兴趣引导儿童进入学业课程的学习。

接下来的两章讲述了我们为充分发展儿童的智能强项而尝试把教室和广大的社区资源联系起来所做的努力。我们特别提到了博物馆——一个儿童可按照自己的兴趣和速度进行学习的场所；还有由一群艺术家、运动员、城市规划者及其他专业人士组成的顾问团，在波士顿附近一经济落后地区，我们根据专业和兴趣为学生配备了相应的顾问团成员。其中第四章阐述的是如何将儿童在博物馆与在教室里的学习经验联系起来，第五章则讲述我们邀请顾问团到教室里帮助教学的尝试。

多彩光谱项目的正式研究于 1993 年结束，但它所产生的思想已经焕发出生命的活力。全国各地的学校和社区纷纷选用多彩光谱方法满足自己的需要，如改善课程、开发学业评估工具（performance-based assessments）、扩大对"天赋和天才"的定义、把具有特殊需要的儿童整合到教室中、与非英语的儿童交流、在学校范围内创设一个教师合作朝着共同目标奋进的环境。在第六章，我们选举了 4 个实例，描述教师各自以怎样的方式采用多彩光谱方法来解决他们希望改进的问题。我们试图通过这些实例（实例涉及波士顿、纽约、华盛顿和西雅图以外的公立小学）说明多彩光谱教室或多彩光谱学校的典型特征。

在第七章，加德纳回顾了他和费尔德曼的理论如何通过各种途径被运用到实践中，以及实践对他们有关认知发展理论的验证。他解释道：在很多方面，如理论与实践之间、教师和研究者之间、学校和社区之间，还有儿童的智能强项与其需要掌握的课程学习技能之间（这可能是最重要的），多彩光谱都起着一种类似于桥梁的作用。

多彩光谱不是一套测试工具，也不是一套课程，而是一个框架，一种重新认识儿童的发展和能力的方法。我们希望它在为儿童创造一个理想的教育环境方面提供一些新的思路、灵感和帮助。

目　录

MULU

第一章 多彩光谱的起源

大卫·亨利·费尔德曼

假如一个儿童有运动的天赋，其动作优美且极富表现力，可他的老师们却因自己在幼年时缺乏此方面的体验，而一直不让他参加运动；假如一个儿童喜欢并善于通过音乐来表达自己，可他的老师和父母，却未曾和他一起听过音乐、弹过乐器或唱过歌；假如一个儿童擅长形象思维，能在头脑中将一幅地图、一张时刻表、一把卷笔刀的结构以表象的形式呈现出来，可她的老师却因她不能用语言将这些东西表达出来而认为她反应迟钝。

那么，这些儿童会怎样呢？他们只能苦苦挣扎于课程之中吗（其实这些课程如果换一种形式呈现，则会清晰得多）？按传统的学校标准看来多少有点不足的他们，难道非要等到日后成为发明家、歌手、飞行员、技师、网球教练、钢琴调音师、工程师时，方能显露出他们的才能吗？因为他们一直被标以失败的标记，他们会不会从此而放弃努力呢？如果儿童的潜能没有表现的途径，我们会失去什么？如果每个儿童所能发挥的独特的作用都能得到肯定，我们又会获得什么？

今天，公共教育的质量已引起人们广泛的关注，有关学校改革的建议之多，足以令人眼花缭乱：从相对比较温和的言论，如建立新的教师资格认证，到较为激进的观点，如把公共教育系统交给私立机构以及认为家庭对于孩子入学应有更多的选择权，要求重新公平分配越来越少的资源，等等。其中有一个特别强烈的呼吁——要求课程标准化，即要求课程集中当今社会所需要的基本技能。

问题的争端不在于基础课程是否重要，读、写、算等当然是学校教育的基本目标。我们的观点在于：人们可以通过多种途径参与社会生产或做有价值的事情，虽然学校有必要保证每个儿童都能掌握社会需要的基本技能，但发现每个儿童能为社会发挥什么样的独特作用具有同等的重要性。

另外，我们反对那种认为所有儿童都以同一种方式学习同一种内容的观点。越来越多的证据（H. Gardner，1983，1993；Sternberg，1985）表明：每个人的智力结构并不完全相同，人们对世界的认知和思考方式存在许多差异。因此，学校和教师对学生认知方式的差异了解得越多，就越能有效地帮助学生获得那些"最重要"的技能。

有些人希望学校有相对统一的教育模式，在他们看来，关注儿童的个体差异既没必要，也难以实现。但是在我们看来，尊重儿童的个体差异不仅必要，而且还是学校改革的一条有效途径。如果我们忽视人类认知能力的广泛性，只注重那些在纸笔测验中测试出的能力，无异于判决一些儿童注定要经历多年的挫折和失望，甚至是彻底的失败。倘若我们关注一下人类在更广泛的知识领域内（如音乐、视觉艺术、社会）的兴趣和能力，则有可能帮助每个儿童得到最好的发展。

1984 年，加德纳和我通过哈佛大学的零点项目部和塔夫茨大学的合作，开始致力于多彩光谱研究项目，试图识别幼儿的智能强项。之所以决定从学前儿童开始，部分原因在于我们想知道各种认知潜能最早能在什么时候显现。此外我们还认为，如果能尽早地识别出儿童的智能强项，并与教师、行政官员和家长相互配合，共同培育儿童的智能强项，那么，那些在传统认知领域没有优势的儿童就会少一些失落。有研究指出，早自小学三年级，就可以凭学业成绩来预测哪些儿童会在高中之前辍学（Clavin，Karweit ＆ Madden，1989）。虽然我们对这些研究可以有不同的理解，但是学校如果在最初几年不能吸引儿童，也许就永远失去了这样的机会。

在斯宾塞基金会（Spencer Foundation）的资助下，加德纳和我从 1984 年开始了多彩光谱项目的研究。当时，我们正各自从不同的角度研究人类认知的本质。多年前，我出版了《超越认知发展的普遍范畴》（*Beyond Universals in Cognitive Development*）（1980/1994）一书，考察那些不是每个儿童都能掌握的诸多认知发展范畴；而加德纳也恰好出版了《智能的结构》（*Frames of Mind*）（1983/1993）一书，提出了现在已广为人知的多元智能理论，试图拓展人们对智能的定义。虽然我们当时的研究主要是科学研究，但公众的反应唤醒了我们对其深远的教育意义的思考。由此，我们想开发一种比传统的评估方法（其中主要是标准化测试）能在更广范围内真实地反映人类智能的新的评估方法。

之所以采用多彩光谱这个名词，是因为我们认为每个儿童的智能、风格、潜能都会像多彩的光谱一样表现出广泛的多样性，并想以此提醒教师、家长以及儿童自己能以广义的智能观注意潜能表现的多种可能性。当然，最重要的是必须找到评估这些多样性的方法。

虽然所花费的努力和时间比预期多，但通过多彩光谱我们发现，确实有可能使用一种全新的方法来评估儿童的智能强项（儿童年龄可以小至 4 岁）。接着，我们又探索了教师和课程设计者如何利用多彩光谱的评估信息调整教学、课程和教室环境的布置，使之更适合个体的需要；此外，我们还研究了教师如何利用这些信息反思自己的教学经验和实践（Schön，1983）。

之后，我们开始在一所市立小学对我们设计的评估活动进行检验。我们选择一年级那些面临学业失败的儿童进行评估，努力识别出他们的智能强项，然后利用评估信息对他们进行教育干预。一般教师并非在所有的学习区都是行家，他们可能会忽视儿童在某一领域的天赋，所以我们尝试把学校和社区资源联系起来。例如，在学校和儿童博物馆之间建立合作关系，并给一年级儿童配备与其智能强项和兴趣相匹配的顾问（mentor）。这些做法没有随着多彩光谱研究项目的结题而终止，反而得到了不断的发展。全国各地的教育者纷纷表示要根据自己所需，因地制宜地使用多彩光谱方法。

每当想把多彩光谱应用到一个新的领域时，我们总会发现很多事先预料不到的困难、问题和阻碍，需要我们在技术上做相应的调整。经过这么多年，我们更加认识到解决一些教育问题有多么难；在倡导改革和反对改革之间有着怎样千丝万缕的联系；也逐渐知道了如何理解并正确对待每一种新情况，因为这将使我们更加了解人的多样性。然而不管怎样，我们始终坚持多彩光谱项目的核心目标，即找到识别幼儿智能强项的方法，并根据每个儿童的智能强项为他们提供丰富的早期经验，使教师、家长以及儿童自己认识并展现他们的潜能。

一、 评价观之比较

很多教育者和我们一样渴望出台一种新的有别于以前的评估方法（Meisels，1989）。这种舆论潮流是由 1983 年出版的《危机中的国家》（*A Nation at Risk*）激起的（D. Gardner，1983）。在这篇传播很广、影响很大的文献中，某国家委员会认为本国的公立教育比其他国家都差，而且正在走向衰落。这一结论很大程度上是基于"学业智能性向测试"（Scholastics Aptitude Test）以及其他各种国际上通用的纸笔测试的结果而得出来的。

这些谴责为"回归基础"（back-to-basic）的教育运动增加了新的支持，所谓"回归基础"运动，是针对学校标准放松，公共课程削弱，以及对如纪律、权威、教师备课等传统的淡忘而掀起的一场呼吁教育要"回归基础"的运动。该运动的结果之一就是国家教学标准（academic standard）的建立。克林顿总统签署了一个国家教学标准，这样，学校将更多地通过标准化测试来监督儿童的学业成绩。必须再次申明，我们并不反对制定严格的学业标准。实际上，教师、行政官员、家长及其他所有教育者都必须通过制定标准，探讨并确定儿童应该学什么，教师应该教什么——这也是所有学校改革实验的一大要素；但我们反对把教学和评估局限在狭窄的智力范围内。

许多测评观念可追溯到 20 世纪初，当时法国政府希望有一种测试能识别出哪些儿童可能学业出色，哪些则需要补救。艾尔弗雷德·比奈（Alfred Binet）应法国政府的要求设计出"智力测验"，即通过计算儿童的智力与其生理年龄之比得出该儿童的智商（IQ）分数。比奈成功了（Gardner，Kornhaber & Wake，1996），智商测试旋即成为测量个体智力和潜能的通用工具。但由于其最初目的是为了预测学业表现，因而主要局限于传统认为可以帮助儿童有更好的学业表现的能力——语言和数学逻辑这两种智能，那些不同思维类型的儿童几乎没有机会展示他们的智能。尽管 IQ 测试自称所测的是天生的能力，而非学业成绩，但那些没有学校学习经历儿童的 IQ 得分往往低于那些上学的儿童（Ceci，1990）。

另外，长期以来，一直有人批评这些智力测验存在文化偏见，因为要完成这些测试，被测者必须掌握一定的词汇、词组，并熟悉主流文化习俗。

1984年进行的一项颇有影响的研究(Manni，Winikur & Keller，1984)指出：一定数量的未成年儿童最后被送往补差班；而这些补差班往往又建立在智力测验的基础之上。不幸的是，许多补差班并不提供个人化的方案，甚至没有能使标准课程生动一点的文学、诗词、来源于真实世界的物体和可操作的实验；相反，只是进行额外的训练，布置额外的作业，而这些活动最容易让那些对学校已经失去兴趣的儿童厌倦、受挫。

而且，智力测验脱离儿童生活的真实情境，不是在真实的活动过程中运用智能。因此很多专家都曾在这样的"正式"测验中"落马"，但他们在日常生活中，如在量衣时、在超市购物时、在为自己的权利而辩护时，都会用到这些测试所评估的计算和推理能力(Carraher & Schliemann，1988；Lave，1980；Rogoff & Lave，1984；Scribner，1986)。此外，这些智力测验无法测试出个体解决问题的诸多特征，如决断、想象、领导、社会理解等能力。而其他一些为了检验儿童已经学到了什么样的标准化测验，具有和智力测验一样的缺点。标准化测验通常采用多项选择题的形式，通过电脑打分，因此正确答案是"唯一"的。那些具有想象力和创造力的儿童，那些停下来对问题进行更深入思考的儿童，常常完不成测验。而且测验提出的问题也是脱离情境的，往往只重视知识的积累，而不重视儿童未来所需的高级思维能力和问题解决技能。

越来越多的行政命令强调在学校推行标准化测试，我们担心幼儿也会被随之卷入其中。虽然传统测试不乏有效之处(如个体临床诊断、对学业差原因的确诊)，但用于评估儿童的绝大多数测验无论在有效性上还是技术质量上，都令人怀疑。

而且，人们往往轻易地就接受使用这些工具得出的结论，并做出过头的解释；他们似乎更重视分数本身，而非得出分数的理由。而学校重要的教育决策往往就是凭着某一天某一次测验得到的某个分数来决定的。因此儿童们可能仅仅因为一个分数就被阻挡在学校大门之外，仅仅因为一个分数就不能升学，仅仅因为一个分数就不能参加专门培训。根据儿童的测试成绩，他们或被安排在特殊班，或被分配在不同的学校，或被贴上难以改变甚至根本不可能改变的标签，甚至还可能被"驱赶"到整个学业生涯再也难以得到提升的低能班。

虽然标准化测试一般从小学开始使用，但我们担心教学的压力会向下波及幼儿园。既然未来的学业成就可以通过学生在标准化测试中的分数来判断，那么为什么不尽早地教学生如何应试呢？既然向儿童反复灌输一些态度和技能会使他们在以后取得越来越高的成绩，那么从学前阶段开始岂不更好？

但是，大多数心理学家都一致认为，教师用讲授、训练和作业来灌输知识的机械方法并不适合学前儿童，甚至也不适合许多年龄稍大的儿童。实际上，大多数颇具影响的儿童早期教育专业组织，如国家幼儿教育联合会（the National Association for the Education of Young Children，NAEYC），都已颁布了明确的政策，告诫学校要摒弃学术导向的学前课程和教学方法（Bredekamp，n. d. ）。

在"发展适宜性教学"思想的指导下，NAEYC 论证了幼儿需要在无压力的情况下广泛地体验，需要有表现自己兴趣的机会，需要周围的成人对他们的兴趣给予支持。他们需要一种"以儿童为中心"的环境，需要一种主要发自其内心的教程，这样的环境不倡导儿童之间的竞争；相反，每个儿童都可以受到适当的保护，都能够按照自己的速度成长（Bredekamp，n. d. ）。

多彩光谱研究的目的就是要开发出一套与这种儿童学习观相适应的评估工具，它承认儿童在这段智力迅速发展的时期表现出来的特殊能力和特殊性。而这些往往被传统的评估工具忽略，特别是那些成长在贫困家庭或非主流环境中的儿童，他们往往在不同程度上要受到标准化测试的负面影响，因此这种新的评估方法对于他们来说更为重要。我们也希望这种趋向自然的评估方法能够发现每个儿童不同于他人的、个性化的学习方式和成功方式，从而成为教育改革的有力工具。

二、 理论背景

到现在为止，我已概述了两种不同的教育改革哲学：一种是建立统一的标准，期望所有儿童都通过同一条途径学习同一种材料，以保证学业的优秀；另一种是根据儿童不同的能力和学习方式来调整教学方案，以此获得学业上的优秀。显然，两种哲学所认同的评估方法截然不同，所依据的智能理论根源也相差甚远。本书不可能对 20 世纪出现的所有智能观做全面论述，但我们将对两大思想派别作简要介绍，希望读者能从中获益。这两大思想派别，一个是心理测量说，它是标准化测试的根源；一个是认知发展理论，它是我们研究的理论基础。

心理测量说认为：智力是整合的、天生的，并且有着相对稳定的、可量化的遗传特性。一位早期的心理测量学家——弗朗西斯·盖尔顿（Francis Galton）相信智力与感知觉有关，并由此设计了测试来测量反应时间和听力的关系。而比奈则把智力与"判断"等同起来，他认为两者是一回事，都是"最基本的天赋，它的改变或缺失对实际生活最为重要"（Binet & Simon，1916/1973）。19 世纪初期，英国查尔斯·斯皮尔曼（Charles Spearman）的研究认为，个体具有"一般智力"，即我们所知道的 g，在某种程度上，个体完成所有的智力任务都需要用到它（Spearman，1904）。根据查尔斯·斯皮尔曼的观点，g 代表的是对不同领域之间（哪怕这两个领域如拉丁文和音乐一样相差甚远）的逻辑关系的感知和运用的能力。后来的心理测量学家对智力的定义虽然在细节上有所不同，但他们一般不是把智力看作单一的能力，就是将其视为一串相关性很高的能力簇（如反应时间、感官辨识、对逻辑关系的感知能力以及记忆等）。

为了证明 g 的存在，有人指出不同智力测试与结果之间具有相对一致性（如学业测验分数、在校的成功、职业地位）（Herrnstein & Murry，1994）。但批评者认为这种相关反映的可能是应试技能，而非一种包含判断和常识的"一般智力"。事实上，智力测试分数与职业成功之间的相关性较弱（Cronbach，1990）。

我们的理论建立在一个完全不同的智能观之上，这种智能观发端于让·皮亚杰（Jean Piaget）的认知理论（1983）。让·皮亚杰不同于那些喜好测量个体智力的心理测量学家，在他看来，智能是一个建构认知结构的动态过程，他想弄清楚人类心智发展的一般原理。他认为智力是一种普遍性能力，这种能力在所有儿童身上都经历几个有着质变的发展阶段，即感觉运动阶段、前运算阶段、具体运算阶段和形式运算阶段。

皮亚杰通过一系列著名的实验证明儿童不是一个"小大人"，他们的智力发展与特定年龄阶段相对应（Piaget，1972，1983）。皮亚杰认为，儿童对世界的理解处在不断建构的过程中，如果没有操作和相关经验，他们会一直固守着头脑中有关物体运作的模式。比如，一个婴儿学会了在枕头下寻找物体，尽管她看到成人把物体放到了别处，但仍然会一直在枕头下寻找。一个蹒跚学步的幼儿能够很容易地找到物体，却不能理解事物的守恒性。他不能理解水被倒进大小不同的杯子里，但水的总量依然未变；他也不能理解黏土无论是被揉成球形，还是被捏成扁形，分量始终未变。同样的道理，在儿童未达到形式运算阶段之前（通常是接近少年时期），我们不应该期望他进行某种抽象思维。

心理学家杰罗姆·布鲁纳（Jerome Bruner）（加德纳在哈佛大学曾与之共事过）把认知发展理论又向前推进了一步。皮亚杰认为智能的发展是自动展开的，布鲁纳则强调文化在促进儿童智能自然发展过程中的重要性（Bruner，Olver & Greenfield，1966）。他特别研究了文化中的人造物、技术、符号系统以及文学对智能发展所起的作用。受另一位伟大的发展心理学家维果茨基（Vygotsky，1962，1978）的影响，布鲁纳认为：不断进步的工具及使用工具的技术会不可逆转地影响人的发展，并会扩展智能的范围（例如，温度计的使用会给科学家、物理学家、陶工、厨师等提供重要的信息）。这一理论研究涉及教育在发挥个体能力中所起的作用。

看来，20世纪70年代和80年代最引人注目的理论问题都是围绕着皮亚杰认知发展的普遍理论提出的，这是皮亚杰理论的重大贡献，也是它的局限所在。虽然皮亚杰对儿童研究之详细、深远在他那一时代无人能及，但他实际上忽视了艺术，而几乎完全集中于数学逻辑智能。一些重要的问题他没有提到，如发展的机制、个体差异的原因、教育可以影响发展的方式（Feldman，1980/1994；Gardner，1991）等。另外，他还假设发展将以相同的方式和相同的速度在每个智能领域进行，这也是加德纳和我分别研究并在后来予以反驳的一个观点。

尽管皮亚杰的认知发展理论存在这些局限，但它还是推动了心理学的发展——他的理论强调了在所有儿童身上（无论他们的背景或环境怎样）都会发生的认知发展过程中最基本的共性。皮亚杰赞同每个儿童在其力所能及的范围内发展其认知，简而言之，量变（change）和质变（transformation）是发展的精髓，个体为获得这些变化所做的努力构成了其认知发展的核心。

而心理测量说相信存在着一种天生的、不会改变的、整合性的、可测量的遗传特性，即智力。在我们发展心理学家看来，这种理论是所有有关智力的主流理论中最不具说服力的，因为它不能解释智力的发展和变化。

上述理论对教育产生了不同的影响，这一点加德纳和我在社会科学研究顾问委员会共事时看得很清楚（Feldman，1982；Feldman，Csikszentmihalyi & Gardner，1994）。在那儿我们共同负责重新对天赋和创造性进行研究，我们发现用心理测量方法对创造性和天赋进行研究对此领域的进展几乎毫无成效。学校及其加强计划（enrichment program）一般通过智力测试或其他标准化测试来挑选参加天赋计划的候选人，但并没有足够的证据显示这些测试能够测出创造性、动机、艺术能力或其他导致杰出表现的品质。我们一直力图将此方面的研究从心理测量方向扭转到以发展心理学为基础（Feldman，1982；Feldman et al.，1994；Morelock，1996）的方向上来。研究者们（包括我们在内）在研究这样一些问题，诸如个体在某一特定领域达到出色的水平需要经历哪些步骤，如何进行发展性的评价，如何通过文件夹和作品展示考察儿童在某个领域的作品和表现来识别其天赋（Feldman，1994）。

我们共同合作为多彩光谱项目做准备，这将是一次试图影响评价领域的更具挑战性的尝试。不过两者同样有着类似的目标：帮助把此领域的研究从心理测量方向转换到认知发展方向（H. Gardner et al.，1996）。实施项目的一年来，我们俩都认为多彩光谱应该有自己的一套结构和特点，而不仅仅是我或加德纳的哪一种理论的应用。为了帮助大家更好地理解我们的研究，首先还是简要回顾一下有关的理论。

（一）非普遍发展理论

我提出的观点称为"非普遍发展理论"（Feldman，1980/1994），这个理论假设拓展了发展心理学的领域，关注一些非自发的认知变化，这些变化需要个体的努力和外部的支持，即某种教育。该理论的中心假设是：儿童和成人所从事的许多活动是发展性的，而未必是普遍性的。普遍性是皮亚杰理论中的术语，用来说明那些按照一定顺序将不可避免地发生的认知变化，在他看来，所有个体无论其背景如何，都将获得这些认知变化。非普遍发展理论指出，有许多活动"范畴"（domains）并非为所有个体或群体共有，这些范畴也不是每个人成功的保证。以学钢琴和掌握经济理论为例，这两个活动是发展性的，个体需要达到一定的抽象思维水平才能进行；同时它们又具有非普遍性，因为这两项活动并不是每个人都能够胜任的。非普遍发展理论主张，大多数人都是在非普遍性的范畴从事专业的发展。理解人们在非普遍范畴中如何选择、参加、从事、取得高水平的专业发展需要一个理论假设，这个理论不像皮亚杰的理论一样认为所有儿童最终都将达到发展的最高水平阶段（Ginsburg & Opper，1988；Piaget，1972）。

虽然非普遍发展理论并不是特别针对"要注意儿童、群体和文化之间的多样性"而提出来的，但确实可以用它来说明这一点，多彩光谱亦是如此。按照"非普遍范畴"的观点，应该存在各种大量的机会实现个体的潜能，每个儿童都在某个或多个领域具有其独特的倾向。非普遍发展理论与传统发展理论的核心假设并非截然对立的，而是加强并扩展了其理论中最有影响的部分（不是全部），试图对儿童的发展作出更好的解释。

根据非普遍发展理论，儿童沿着水平顺序依次到达各个范畴（domain）或知识技能体系（见图1-1）。这些范畴代表了发展的获得，从普遍范畴，如物体永恒性（懂得物体在看不见时依然存在），这必然会发生；到泛文化的范畴，如语言，这不需要正式地教，而只要有其他人在场就会自发地发展；然后到文化范畴，如读、写、算，这些都是我们文化中希望个体获得并达到一定水平的技能；再后到学科范畴，如化学、法律，这些与一定的行业或职业联系在一起；再到特殊范畴，如有机化学、专利法，这个范畴代表着专业人才，需要额外的专门培训；最后到独特范畴，如双螺旋线的发现、现代舞的创编，这要求超越范畴所存在的限制。

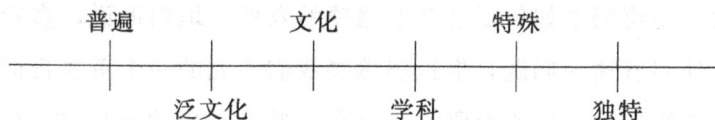

图 1-1　从普遍到独特

　　非普遍发展理论为多彩光谱项目应该评价哪些智能提供了一个框架。我们把多彩光谱定位在中间部位，即从文化范畴开始，一直延伸到独特范畴。虽然学校的大多数学科都属于文化范畴，如历史和数学，但我们想以更广阔的视野考察儿童的能力，识别那些并非每个人都具备的非同寻常的兴趣和能力。我们的目的不是要发现 5 岁的自然学家或诗人，但我们确实想知道对自然不同寻常的敏感性或富有表现力的语言能力是如何在幼儿身上展现的。

　　我们最终选定了 7 个评估领域：语言、数学、运动、音乐、科学、社会理解和视觉艺术。之所以选择这 7 个领域，是因为它们在我们的社会文化中非常重要，而且代表了幼儿身上的一系列智能。在非普遍发展理论的指引下，我们清楚地看到，这 7 个评估领域的确定是以分析特定的文化背景为基础的；不同的社会从自身文化出发，所确定的评估领域会有所不同。

　　为了帮助儿童看到在校的学习和日常生活之间的联系，我们给多彩光谱的每个领域设定"最终职业状态"或被我们社会重视的成人角色（"最终职业状态"的概念在 MI 理论中也被用到，在那里，它是限定某一种智能时用到的一个要素）。只有当我们把领域与被当今社会看好的最终职业状态联系起来，每个领域才能找到通向多彩光谱评估的路。例如，当我们分析语言领域时，我们集中关注三种最终状态必须具备的能力，这三种最终职业状态是：诗人、新闻记者、作家。这样做的目的不是对儿童分门别类，判断谁是未来的新闻记者或未来的小说家，而是帮助我们识别儿童在哪些领域有较好的自我表现并可能在未来社会有所贡献，并在这些领域给予他们特别的关注。

　　非普遍发展理论的一个基本观点是对过渡的理解，即解释个体在获得专业发展的同时，如何从一个发展水平进入下一个发展水平（Feldman，1980/

1994，1986）。教育就是要创造条件让儿童掌握知识，并找到未来发展的方向，所以发展中的适宜性过渡不应该是指令式的。多彩光谱不仅仅在于识别儿童的强项，还要探索如何促进儿童强项的发展。坦白地说，多彩光谱的研究尚未满意地回答这一问题，但这仍然是我们研究的一个重要目标。

多彩光谱及其他一些评价研究还存在一些有待解决的问题，例如，怎样区别儿童快速但属正常的发展和不同寻常的潜能；一种变化在多大程度上才能被视为发展性的而非能力上的局部、表面的变化。作为一种发展理论，非普遍发展理论帮助我们重视特定领域及专业的变化，这些都具有深远的教育意义。

（二）多元智能理论

对于大多数读者来说，无须对多元智能理论多作介绍——加德纳的多元智能有关著作已成为一个热门话题，并且以各种形式应用到教育实践之中，从练习和测试，到政策和日程表的变化。在 20 世纪 80 年代至 90 年代，MI 理论几乎影响到了教育领域的每个角落，它对于教育改革的重要作用也毫不逊色。有关 MI 理论，有专门的著作进行了详细论述（H. Gandner，1983/1993，1993；H. Gardner et al.，1996），因此本书不再赘述，而只对其主要观点（特别是其中影响多彩光谱的观点）作简要的小结，以对读者有所助益。

MI 理论最初意欲拓展传统智能定义的范围。如前所述，在大多数西方国家中，智能常常和 IQ 分数联系在一起。最近，许多理论家纷纷寻求如何赋予智能以新的定义。例如，耶鲁大学的罗伯特·斯腾伯格（Robert Sternberg）提出了智能的三元理论，他分析了个体在解决问题中所运用的各种信息加工机制，并考察了经验影响这些机制的方式。康奈尔大学（Cornell University）的斯蒂芬·塞西（Stephen Ceci）从生态生物学角度看认知，强调在完成认知任务的过程中重要的是知识和情境性，而不是抽象的问题解决的技能（H. Gardner et al.，1996）。而加德纳强调的是智能在不同文化中和不同个体身上显现方式的差异，即个体的基本智能结构的差异。

加德纳把智能定义为"被一个社会认为是有价值的解决问题或生产产品的能力"。根据 MI 理论，人类所有个体在不同程度上都具有相对独立的 7

个领域的智能。这 7 个领域不仅包括大多数 IQ 测试所测的语言和数学逻辑智能，还包括音乐智能、空间智能、身体运动智能、人际交往智能和自我认识智能。加德纳又增补了第八种智能，即自然智能，这种智能的典型特征即对自然界的入迷。有趣的是，多彩光谱项目从一开始就涉及此领域的能力，所以说，实践最终也会对理论产生影响，此即一例。

作为一种智能，应该符合一定的标准。这些标准包括大脑损伤后技能局部丧失的可能性；掌握此智能的专家、奇才和其他特殊人群的存在；来自心理训练和心理测量的研究证明，包括不同测试方法之间相关性的研究；进化研究结果的证明；可以发展到最终状态并可定义的一系列的行为。另外，每一种智能都应有可辨别的核心操作系统，而且不同的智能对不同的符号系统（如语言、数学、图画、音乐符号）具有敏感性。

MI 理论和非普遍发展理论共同构建起了多彩光谱的评估框架。多彩光谱提出的知识领域并不直接对应于 7 种智能，它反映的是智能在幼儿身上的表现形式。而且，各项智能不是孤立存在的，个体完成一项任务必须同时综合运用多种智能。例如，在多彩光谱中，某一领域（如社会理解领域）的活动可能需要运用一种以上的智能（自我认识和人际交往）；而同一种智能（如空间智能）也可能会在几个不同的领域中用到（如视觉艺术领域和机械建构领域）。另外，把智能转换成适合学校的具体范畴，以使教师、家长及儿童本人更易于理解掌握，也是多彩光谱的一个重要目标。

多彩光谱从 MI 理论那得到了多方面的启示。例如，MI 理论对符号系统和每种智能核心操作系统的研究为我们确定多彩光谱各领域活动的关键能力提供了有益的启示，从而为我们最终在校内和校外支持并帮助儿童发展其智能强项提供了帮助。再如，MI 理论强调经验的重要性，强调引导式的帮助是发挥儿童潜能的关键，这些观点可以帮助我们明确教师和研究人员在引导儿童自我探索中所应承担的角色。

虽然公众对多彩光谱项目的兴趣会随着 MI 理论的发展而逐渐冷淡下来，但我们相信，作为两种互补的理论的产儿，多彩光谱对幼儿的评价和教学做出了自己的贡献。

三、 结语

教育实践(特别是评价领域)所遭遇到的挫折以及认为人类智能具有多样性和丰富性的两个理论为多彩光谱项目提供了有益的启示。经过两位开山鼻祖与众多人员的合作，多彩光谱在其最初的设想基础上有了很大的改进和完善。但无论什么时候，多彩光谱都始终坚持其最初的宗旨——尽量拓展智能概念的范围，为在广阔领域内评价幼儿的智能提供实用的评价技术。这些评价技术从不意欲取代标准化测试，但它确实提供一个揭示每个儿童智能强项的新视角。本章前部分讲到标准化测试的局限性以及对其结果的过分重视带来的危害。虽然本项目的方法可能也会遭到批评，也会有其局限性，但它们产生于人道、宽容的信仰和价值观，其评估工具的设计与实施也都体现了这些价值观。

多彩光谱用一种能被家长、教师和儿童自己理解、掌握并照此实施的方法来识别儿童的智能强项(并在一定程度上识别其弱项)。旨在帮助教育者更好地了解儿童，承认儿童智能强项的多样性并相应地调整其课程和教学方法。只有更充分地了解学生，教育者才能更好地利用学校、家庭、社区的资源设计有效的教育方法，把学生引入他们虽不熟悉但富有刺激的知识领域。

当然，多彩光谱不仅仅强调上述的目的和价值，它还促成了教育实践的重新定向。重新定向的教育实践强调长期深入地参与富有挑战的知识领域；强调尊重儿童学习风格的多样性；重视儿童在天才、能力、潜能和专注方面的差异；重视在熟悉的情境中、在与真实世界相关的任务中对儿童进行评价和记录；在教室与社区之间建构桥梁，重视教育过程所涉及的所有人员对目标的共同责任。

多彩光谱在多大程度上实现了这些崇高的理想？在教育改革和调整中做了多大的贡献？其理论、方法和评价技术能在多大程度上影响到教育实践？这些问题都有待更多的人去做进一步的思考和判断。但无论结果如何，我们都将继续致力于改善教育的理论、政策和实践，我们坚信这种努力是必要的。

参考文献

Binet, A. & Simon, T. (1973). *The development of intelligence in children (the Binet-Simon Scale)* (Elizabeth S. Kite, Trans.). New York: Arno Press. (Original work published 1916)

Bredekamp, S. (Ed.). (n. d.). *NAEYC position statement on developmentally appropriate practice in early childhood programs serving children from birth through age 8*. Washington, DC: National Association for the Education of Young Children.

Bruner, J. S. , Olver, R. R. & Greenfield, P. M. (1966). *Studies in cognitive growth*. New York: John Wiley.

Carraher, T. N. & Schliemann, A. D. (1988). Culture, arithmetic, and mathematical models. *Cultural Dynamics*, 1, pp. 180-194.

Ceci, S. J. (1990). *On intelligence... more or less: A bio-ecological treatise on intellectual development*. Englewood Cliffs, NJ: Prentice Hall.

Cronbach, L. J. (1990). *Essentials of psychological testing*. New York: Harper & Row.

Feldman, D. H. (Ed.). (1982). *Developmental approaches to giftedness and creativity*. San Francisco: Jossey-Bass.

Feldman, D. H. (1991). *Nature's gambit: Child prodigies and the development of human potential*. New York: Teachers College Press. (Original work published 1986)

Feldman, D. H. (1980/1994). *Beyond universals in cognitive development* (2nd ed.). Norwood, NJ: Ablex.

Feldman, D. H. , Csikszentmihalyi, M. & Gardner, H. (1994). *Changing the world: A framework for the study of creativity*. Westport, CT: Greenwood Press.

Gardner, D. (Ed.). (1983). *A nation at risk*. Washington, DC: U. S. Department of Education.

Gardner, H. (1991). *The unschooled mind: How children think and how schools should teach*. New York: Basic Books.

Gardner, H. (1993). *Frames of mind: The theory of multiple intelligences*. New York: Basic Books. (Original work published 1983)

Gardner, H. (1993). *Multiple intelligences: The theory in practice*. New York: Basic

Books.

Gardner, H. (1998). Are there additional intelligences? In J. Kane (Ed.), *Education, information, and transformation* (pp. 111-131). Englewood Cliffs, NJ: Prentice Hall.

Gardner, H., Kornhaber, M. & Wake, W. (1996). *Intelligence: Multiple perspectives*. Ft. Worth, TX: Harcourt Brace.

Ginsburg, H. & Opper, S. (1988). *Piaget's theory of intellectual development* (3rd ed.). Englewood Cliffs, NJ: Prentice Hall.

Herrnstein, R. J. & Murray, C. (1994). *The bell curve: Intelligence and class structure in American life*. New York: Free Press.

Lave, J. (1980). What's special about experiments as contexts for thinking? *Quarterly Newsletter of the Laboratory of Comparative Human Cognition*, 2, pp. 86-91.

Manni, J. L., Winikur, D. W. & Keller, M. R. (1984). *Intelligence, mental retardation, and the culturally different child: A practitioner's guide*. Springfield, IL: Thomas.

Meisels, S. J. (1989). High-stakes testing in kindergarten. *Educational Leadership*, 46, pp. 16-22.

Morelock, M. J. (1996). On the nature of giftedness and talent: Imposing order on chaos. *Roeper Review*, 19, pp. 4-12.

Piaget, J. (1972). Intellectual evolution from adolescence to adulthood. *Human Development*, 15, pp. 1-12.

Piaget, J. (1983). Piaget's theory. In P. Mussen (Ed.), *Manual of child psychology* (pp. 103-128). New York: John Wiley.

Rogoff, B. & Lave, J. (Eds.). (1984). *Everyday cognition: Its development in social context*. Cambridge, MA: Harvard University Press.

Schön, D. A. (1983). *The reflective practitioner: How professionals think in action*. New York: Basic Books.

Scribner, S. (1986). Thinking in action: Some characteristics of practical thought. In R. J. Sternberg and R. K. Wagner (Eds.), *Practical intelligence: Nature and origins of competence in the everyday world*. Cambridge, UK: Cambridge University Press.

Slavin, R. E., Karweit, N. L. & Madden, N. A. (Eds.). (1989). *Effective programs for students at risk*. Boston: Allyn & Bacon.

Spearman, C. (1904). General intelligence, objectively determined and measured. *American Journal of Psychology*, 15, pp. 201-293.

Sternberg, R. (1985). *Beyond IQ: A triarchic theory of human intelligence.* Cambridge, UK: Cambridge University Press.

Vygotsky, L. S. (1962). *Thought and language.* Cambridge, MA: MIT Press.

Vygotsky, L. S. (1978). *Mind in society: The development of higher psychological processes.* Cambridge, MA: Harvard University Press.

第二章　照亮儿童的智慧 ZHAOLIANG ERTONG DE ZHIHUI

何谓关注幼儿的个体差异？请看下面两名参加多彩光谱活动的儿童的"智能文件夹"（profile）。资料来源于多彩光谱项目在第三年与艾略特－皮尔逊幼儿园（Eliot-Pearson Children's School）的合作研究，该园也是塔夫茨大学艾略特－皮尔逊儿童发展系的一个学前实验基地。

基娜①（Kira）今年 3 岁零 7 个月，虽在全班 20 个孩子中年龄最小，但她却果敢而自信地参加了多彩光谱的所有活动。在创造性运动中，她对不同风格的音乐表现出非同寻常的敏锐。例如，在听民乐时，她表演了一段极富表现力的舞蹈，只见她和着音乐前后抖动着肩膀和臀部，姿势十分优美；当音乐节奏加快时，她全身都动了起来，并用头和胳膊打着节拍；即使其他孩子都不跳了，她还在继续自由地舞动着。

在体育运动中，基娜也表现出同样的能力。她经常给其他孩子表演某个新的动作，鼓励他们做一些高难度的动作，如翻筋斗。在户外障碍活动中，她轻快地走过平衡木，灵活地绕过障碍物。

在集体的音乐活动中，基娜往往能响亮而清晰地唱出歌词。在多彩光谱的唱歌活动中，她能准确地唱"生日歌"并能保持节奏前后一致。在音乐感知活动中，她能够准确地指出乐曲中不易察觉的错误。还有两段乐曲在刚播放几个音符时，她就说出了乐曲的名字。很显然，基娜沉醉于自己的歌唱中。事实上，在故事板活动中，她基本上在"唱"自己的故事！

埃里克（Eric）是基娜的同学，他已经在多彩光谱教室待了两年了。他的

---

① 　基娜非真实姓名，本书中所有提到的儿童皆采用化名。

智能强项表现在美术、数字和逻辑推理等方面。他在美术活动中有不同寻常的表现能力。他的画细节丰富，画面布局合理、错落有致，表现的主题极富想象力。例如，有一幅画展现的是一个魔术师带着两只兔子从帽子里冒出来，一个小丑的脸遮住了太阳。还有一幅画的是两只戴着棒球帽的海龟在赛跑。埃里克对透视有不同寻常的把握能力。他经常画人和动物的侧面图，在他的作品中还可以看出"遮挡"手法的运用。例如，有幅画画的是车库里的车，画面上看到的只是冒烟的尾管；还有一幅猫捉老鼠的画，老鼠正在朝洞口逃跑，而至于猫，只能看到它那肥肥的肚子和前腿。

埃里克对符号系统有扎实的理解。在玩加减法的公共汽车游戏时，他知道用不同的彩棒来分别记录每站上下车的人数——绿色的棒子代表上下车的成人，蓝色的棒子代表上下车的儿童。即使没有彩棒，他也能准确地心算出乘车的人数。在寻宝游戏中，埃里克能够准确地预测出不同彩旗下藏着的宝贝，游戏结束时，他归纳出了珠宝放置的规则，包括那个比较抽象的关系：有一个盒子里总是空的。

总体上，埃里克在多彩光谱的各项活动中都较为认真而专注，但有时显得有点犹豫。例如，在艺术领域，如果先前一张画得没有达到他预想的效果，他就会一遍遍地反复画。随着时间的推移，埃里克与多彩光谱成员相处更融洽了，他主动与成人对话，这使得他可以更充分地探索、实践自己的想法。

以上对基娜和埃里克的描述有什么特别之处吗？我们相信从中可以看到基娜在创造性运动和体育运动、在音乐创作和音乐感知方面的能力，能够看到埃里克的艺术才能：透视感、布局意识、对细节的关注等。诚然，任何一位优秀教师都会为儿童提供一系列材料和活动。只是，擅长美术的教师多注重如何丰富美术资源的提供，而音乐见长的教师则可能会介绍各种新奇的乐器，在观察儿童时，前者可能偏向于注意他们所喜欢的画，而后者则可能更注意哪个孩子总是第一个弹奏新乐器。

但是，即便是这些教师，在谈到儿童的认知发展时，话题的中心仍然仅仅是学生的语言和数学两种能力，而很少提到学生在音乐、运动或视觉艺术等领域的能力。她们的描述往往过于概括，仅仅从认知、社会—情感或体能等普遍性发展的角度来刻画儿童，而不是更深入地考察儿童在每一个发展领域存在哪些个体差异。

本章将介绍一种评估方法，这种评估方法比传统的评估方法能在更广阔的领域内、更深入地评估儿童，这就是多彩光谱评估体系。多彩光谱评估体系不是一种简短的测验，它建立于儿童在校内外可获得的经验基础之上。它鼓励教师以一种新的方式来看待儿童及其活动和作品。在我们看来，只要能提供广泛领域的经验，大多数儿童（按照传统标准无论是有天赋的还是没有的）都会展现出其独具特色的智能结构。我们希望通过在更广范围关注儿童及其活动和作品，通过肯定儿童的智力潜能，增强儿童对自己潜能的认识。

一、 评估的设计

大多数幼儿园的评估并不正式，教师的观察也不具有系统性。如果是联合教学（teach team）的话，教师们或就某个儿童进行交流，或填写一些发展量表或写一些简短的叙述性的报告来记录儿童的逸事及其在活动区的情况，或参照一些书来编制自己的非正式的评估表。倘若教师想特别关注某个儿童的话，她们会参照一份更正式的评估表，但这些评估往往都是为了发现儿童的不足，或发现儿童发展方面的一些问题，如语言和交往方面的问题、行为或情感问题、发展迟缓问题等。虽然智力测验在学前阶段不太盛行，但许多幼儿园也在使用，测验结果被看作儿童推理、思维和解决问题能力的反映，其实这些通过一系列任务进行的测试评估的主要是语言、空间和数学能力。

在这种情况下，哈佛大学零点项目组和塔夫茨大学艾略特—皮尔逊儿童发展系的研究人员致力于寻找一种新的早期儿童智能评估的方法。早期研究小组的成员主要包括：来自于塔夫茨大学的大卫·亨利·费尔德曼和珍妮特·斯多克（Janet Stork），来自于哈佛大学的霍华德·加德纳、玛拉·克瑞克维斯基（Mara Krechevsky）和尤拉·马尔卡斯（Ulla Malkus）。

费尔德曼和加德纳有着精深的理论，斯多克和马尔卡斯则拥有多年的幼儿教学经验。擅长课程设计的马尔卡斯热衷于将多元智能理论应用到教学实践中去。曾指导过一个早期教育方案的斯多克则希望挖掘教师在促进儿童发展过程中的作用，因为她认为皮亚杰理论没有充分重视这一点。最后一位是克瑞克维斯基，她从这个项目的发起之初一直坚持到最后，她有着心理学的背景并对艺术领域的研究有着强烈的兴趣。她参加该项目是为了探究如何将多元智能理论转换成学校可用的评估工具①。

我们选择了与塔夫茨大学有着合作关系的艾略特－皮尔逊幼儿园作为实验基地。该幼儿园位于马萨诸塞州的美德福德市（Medford），教学楼不高，但教室很宽敞。美德福德地处市郊，居民收入水平中等偏下，该地区人种复杂，有美籍爱尔兰人、美籍意大利人和美籍非洲人等。艾略特－皮尔逊幼儿园有着悠久的历史，长期坚持活动学习（active learning）的理念，坚持进行教育改革，并坚信教育要顾及具有特殊需要的儿童。在 20 世纪 80 年代中期，艾略特－皮尔逊幼儿园开始为 3～4 岁的幼儿提供半托服务和亲子方案，入托的孩子主要来自于附近社区的中产阶级白人家庭。

早先时候，多彩光谱小组来回穿梭于塔夫茨与哈佛，有时在加德纳和费尔德曼的办公室里进行会谈，有时会在从剑桥到美德福德的 15 分钟路途中开个小会。我们一致认为目前的学校由于对智能的看法太狭窄而没有很好地服务于儿童。因此，我们想开发一套可以识别出儿童智能强项的评估工具，在更广阔的领域内对儿童的智能进行评估，而不仅仅局限于语言和数学领域，并把评估与对儿童和家长都有意义的社会角色和社会产品联系起来。这些可以从基娜和埃里克的"智能文件夹"中略窥一斑。

我们相信，只要给儿童提供有利的环境，他们就有可能表现出先前未被发现的智能强项和天赋。费尔德曼和加德纳通过对罕见天才以及一些特殊人群的研究发现，家庭、文化、历史等因素综合作用于个体，促使个体表现出某些智能强项或某领域内的巨大天赋——这被称为交互作用（coincidence）（Feldman，1986/1991）。根据此观点，儿童的天赋不仅仅是遗传的结果，也不仅仅是环境和教育的结果，而是各种力量长期复杂的共同作用（Gardner，

---

① 还有其他许多研究人员也参加了小组研究，包括这套丛书的合著者朱莉·维恩斯（Julie Viens）和陈杰琦（Jie-Qi Chen）。

Hatch & Torff，1997)的结果。我们希望能够创造出一个有利于儿童展示他们智能强项的教室环境。

研究之初，我们主要致力于确定评估的目标领域，这在前面有关章节已描述过。最初我们采用"7种智能"，后来渐渐不再拘泥于智能本身，而转向学前儿童在各知识领域中表现出来的能力。

小组每个成员各负责一个领域，负责确定该领域的评估标准或关键能力，这对于评估至关重要。我们希望筛选出那些在学前阶段可以观察到的能力，这些能力在不同儿童身上有不同程度的表现，且会在日后得到明显发展并成为成人阶段的一种能力。除了在教室里进行大量的观察，我们还查阅了相关的研究文献，并定期向教师合作者(teacher-collaborators)以及各领域专家(如各领域的教育研究者)咨询，确定各领域的能力在学前阶段如何表现。

接着，我们开始制作评估工具、设计评估活动。在音乐、数学和语言等一些领域，我们采用零点工程儿童符号表征项目中所采用的任务①(the Project Zero Early Symbolization Project)。而在其他领域，则考察了现行的一些相关测试、游戏和材料，并参考了其他研究者为课程或研究而设计的任务。为了观察儿童在不同类型活动中的参与情况，我们考察了波士顿地区学前教育方案(这些教育方案反映了不同的教育方法)，走访之处包括蒙台梭利学校和沃尔多夫学校，还有当地的儿童博物馆、科学博物馆等。

综合上述信息，我们设计了一系列的评估活动并进行实地试验。把理论研究转化为实践并不容易，我们为此走了很多弯路。我们最初打算在每个领域采用诊断方法，结果只有一种方法最为成功：即允许儿童与具有吸引力的材料(如水台或铃铛)互动，从中观察他们的兴趣和已经达到的技能水平。可操作的活动不仅吸引了儿童的注意，而且很明显地反映出儿童的能力差异。试验结束后，我们决定在"真实的"活动情境中对儿童进行评估。

之后，我们设计了一套活动标准用以指导评估活动的设计。例如，我们希望活动能在教室里开展，希望采用现成的、可用的材料，希望这些材料对

---

① 早期象征项目是一个考察儿童象征能力发展的纵向研究。

4岁儿童具有吸引力且富有意义。我们也设计了一些活动，这些活动能反映成人社会中一些成功角色所需的能力。例如，我们通过请儿童唱《生日歌》、讲述周末新闻、观察四季变化等活动来评估歌唱家、记者、自然学家等角色所需要的重要技能。在每一个领域，我们都在与儿童相关的活动情境中评估关键能力。

我们的方法反映了我们的信念——儿童在与具有激发性的材料的互动中学习效果最好。我们希望通过提供适当的材料、活动和成人的指导，帮助儿童展示他们的喜好及特长。我们长期在儿童自己的环境中收集信息，尽量模糊课程与评估之间的界限。因此，多彩光谱活动既可用来评估，也可用作学习。事实上，大多数评估活动类似于某些日常活动。

最后，我们在多彩光谱的评估中使用了我们称为"智能展示"的方法。摒弃了传统的以语言和逻辑为中介评估其他能力的做法（如许多简短回答以及纸笔式的测试），通过儿童直接操作材料的过程获得相关信息，而不是就儿童对某个问题简单的回答做出评价。例如，我们在儿童操作真实乐器的过程中观察其音乐感知能力，在儿童进行沉浮实验的过程中观察他提出假设—进行验证的能力。

通过在艾略特－皮尔逊幼儿园为期两年的实地试验，我们准备将我们的评估工具系统化。我们实践了7个领域的15项评估活动，包括从数学领域和科学领域较为结构化的活动到艺术领域开放性的探索活动。我们还设计了评分体系用以向家长及研究团体汇报我们的评估结果。我们终于能够发现每个儿童身上独特的智力潜能了！

二、 把理论应用于实践

"我们希望为引发个体独特的智能强项创造良好的环境。"这是加德纳对我们事业所做的总结。我们希望提供一个材料丰富并能够激发儿童多元智能的环境，在这个环境中，儿童可以参加不同领域的活动，展示我们或许没有看到的思维方式。我们研究的问题主要有三个：①儿童是否在特定领域和普遍范围内具有特殊能力？②儿童在不同领域活动中的表现是否有明显相关？

③多彩光谱能否识别出儿童未被教师和家长辨认出的智能强项？另外，我们还将一个班级在多彩光谱10项评估活动中的结果与其在斯比智力量表（第四版）的测试分数进行了比较。

我们开发的评估工具不仅包括语言和数学两个领域，还涉及运动、视觉艺术、音乐、科学和社会理解等领域（见附录A）。每个领域至少考察两种关键能力（我们认为在完成该领域中必需的基本能力）。例如，科学领域考察实验能力、自然能力和机械能力；社会领域考察儿童与同伴的互动以及他们对教室动态的理解。

在项目设计阶段，我们注意到儿童的活动风格，如动机、信心、对活动的坚持性等，对评估结果有明显的影响。所以我们决定关注儿童在不同领域的活动方式，观察他们的风格倾向是随领域变化而变化，还是在各领域都保持不变（有关活动风格见表2-1）。与多元智能思想相一致，如果我们没有对儿童在各领域的活动情况进行观察，就不能轻易地判断儿童是注意力集中的、坚持的，还是反思的。

一年中，我们与艾略特—皮尔逊幼儿园的教师每周会谈一次，帮助教师熟悉每项评估活动，以使他们能够自如地把活动介绍给儿童。我们还讨论教室布置和其他一些管理事项，不过因为研究涉及研究人员的评估结果与教师观察结果之间的比较，所以我们不向教师透露我们的评估信息。正式评估于9月底开始，在第二年4月份结束，第一个活动是数学领域的恐龙游戏，最后一个活动是障碍活动课程。

表2-1　活动风格检核表

儿童＿＿＿＿＿＿＿＿＿	观察者＿＿＿＿＿＿＿＿＿
活动＿＿＿＿＿＿＿＿＿	日　期＿＿＿＿＿＿＿＿＿

请标注出你所观察到的儿童特殊的学习风格，只标注那些最明显的，每一对中只勾出一个。必要时写下评注和逸事，并用概括性的、总括性的词描述儿童进行活动的方式。用"＊"号表示其突出的学习风格。

儿童是

容易参加活动的	＿＿＿＿＿＿	坚持的	＿＿＿＿＿＿
不愿参加活动的	＿＿＿＿＿＿	容易受挫的	＿＿＿＿＿＿

自信的	＿＿＿＿＿	冲动的	＿＿＿＿＿
试探性的	＿＿＿＿＿	反思的	＿＿＿＿＿
嬉戏的	＿＿＿＿＿	慢速的	＿＿＿＿＿
认真的	＿＿＿＿＿	快捷的	＿＿＿＿＿
专注的	＿＿＿＿＿	健谈的	＿＿＿＿＿
注意力易分散的	＿＿＿＿＿	安静的	＿＿＿＿＿

评注：

对视觉＿＿＿＿听觉＿＿＿＿美感＿＿＿＿线索作出反应

计划性的　　　　　　　　　　　　　　＿＿＿＿＿

把个人的智能强项带入到活动中　　　　＿＿＿＿＿

在活动中表现出幽默　　　　　　　　　＿＿＿＿＿

创新地使用材料　　　　　　　　　　　＿＿＿＿＿

任务完成后表现出成就感　　　　　　　＿＿＿＿＿

注意细节，敏于观察的　　　　　　　　＿＿＿＿＿

对材料好奇　　　　　　　　　　　　　＿＿＿＿＿

关心答案是否"正确"　　　　　　　　　＿＿＿＿＿

重视与成人的互动　　　　　　　　　　＿＿＿＿＿

(一)评估的实施

虽然对评估活动另有专门介绍(Krechevsky，1998)，但这里还是以装配活动为例，具体说明一下评估过程如何展开。在装配活动中，我们请儿童拆卸并安装一种食物研磨机，从中观察儿童对简单机械物体不同部件之间关系的理解能力。我们认为儿童展示某领域的潜能需要有该领域的经验，所以在正式评估前几个星期，教师让儿童接触大木螺丝、螺母、铰链、门把，以及其他一些简单的五金零件，并在集体活动时间，给孩子们讲读有关机械和工具的书。然后，教师才拿出食物研磨机告诉孩子，在此后几天他们可以把不同的小部件拆下来并安装上去。孩子们非常踊跃地报名参加这个新活动。

在书架后面的一张小桌子上，克瑞克维斯基——多彩光谱项目研究成员之一，和孩子一起进行了15～20分钟的活动。孩子们很快就投入活动，看着食物研磨机展开了丰富的想象，有的猜测为"气压机"，有的认为是"喷泉"，还有的认为是"做金枪鱼的东西"。对于不认识该物体的儿童，克瑞克维斯基就告诉他们那是食物研磨机，并叮嘱他们仔细观察，因为在拆卸后他们还需要把它重新安装起来。

活动一开始，儿童就在解决问题的能力和方式上表现出巨大差异。一些儿童不太明白这些部件是如何拼在一起的，如基娜，在转动把手数次后才找到主件，把它拧下来后才把其余部分也拆了下来，包括将把手从螺旋杆上卸下来。装配对于基娜来说更难了，她把螺旋杆装上去后就不知道接下来该装什么了。一次次地尝试，把垫圈放在齿轮前，将把手装在后边。克瑞克维斯基则在一旁不断地给予支持，让基娜体验完成任务带来的成就感。

克利斯蒂（Christie）却不费吹灰之力就完成了该任务，而且无须成人的指导，遇到困惑时她会通过试误把部件装配起来。戈登（Gordon）则显露出计划性，他甚至能够根据部件的功能说明为什么将这些部件拼在一起。特雷歇尔（Tricia）面对摊在眼前的零件难以集中注意力，只有当克瑞克维斯基帮助她一次集中看一个零件时她才安定下来。还有一些孩子，如尼克（Nicky），因缺乏完成任务所需的精细动作技能，因而在整个活动过程中都需要教师的帮助。

在克瑞克维斯基与孩子们一起活动的时候，另一名多彩光谱研究人员——瓦莱丽·罗莫斯－福特担任观察者，负责记录每个儿童的一系列行为。她依据评估表上的项目（对部分与整体的感知、问题解决、对细节的注意、精细动作技能）给儿童评分，从0～3分，同时在评估表上注明儿童所需要的帮助，以及他们的活动风格。每个儿童的观察表都被收进他们的文件夹，儿童的文件夹中包括儿童在所有评估活动中的记录，记录可以是相对正式的评分表，也可以是一般的观察记录表。

为了研究的方便，我们采用了量化的评分系统，但我们不会将分数报告给父母。相反,我们为每个儿童写了1~2页的描述性文字,汇报我们一年中所获得的有关该儿童表现及其作品的信息。这些"智能文件夹"(如文首对基娜和埃里克的开放式描述)刻画了每个儿童相对于自己或相对于他人的智能强项。

为了帮助家长继续利用儿童"智能文件夹"所包含的信息,我们还按照领域编制了一份《活动手册》和一份《社区资源列单》。如对于基娜,我们写道:她可能会获益于手册中的装配活动。这些活动包括使用基本工具和硬件、用乐高(一种拼装玩具)拼装车辆、利用废弃物进行小发明创造、用纸板做拼字游戏等。推荐这些活动有时是为了给儿童提供广泛领域内的经验,或帮助他们在其不擅长的领域得到发展,但更多的时候是为了帮助家长培育和鼓励儿童智能强项的发展。然而我们需提醒家长:虽然"智能文件夹"关注儿童的智能强项,但它应该是描述性的(description),而不应该是限定性的(prescription),在识别儿童智能强项的同时还必须关注儿童的兴趣。

(二)研究结果

多彩光谱实验班的每个孩子都参与了评估活动(如我们所举的装配活动为例),然后我们根据最初的研究目的进行分析。我们发现对于大多数儿童而言,多彩光谱的确能够识别其智能特征(进一步讨论请参见 Gardner & Hatch,1989;Krechevsky & Gardner,1990)。每个儿童都至少在一个领域具有相对于他人或是相对于自己的智能强项;而且,儿童在不同活动中的表现几乎没有相关性,只有两种数学活动因涉及相关的数概念而显著相关。

由于实验样本小(39名被试),所以我们需要谨慎对待所得出的结论。我们希望其他研究人员能在此基础上进一步对信度和效度进行研究,并建立常模。一名塔夫茨大学儿童发展系的博士生——玛格丽特·亚当斯(Margaret Adams),在这方面做了重要的研究。她修改了6个评估活动(装配活动,另加上语言、数学、音乐、视觉艺术和社会理解5个领域中各一个活动),对42名儿童(4.2~4.8岁)进行了评估。她也发现儿童在不同的领域表现出不同的能力水平,每个儿童都有着自己的强项领域和弱项领域;而且,没有任何两个人的智能结构完全一样（Adams，1993）[1]。

在我们的研究中，还有一些颇值得注意的发现。一些孩子对某些领域有特殊的偏好，因而常常把他们的兴趣和智能强项带入其他领域的活动中。例如，塞思（Seth）喜欢讲故事，于是沉浮活动也变成了讲故事活动。在沉浮活动中，他讲了一个"伟大的、著名的海绵先生"的故事。莎拉（Sarah）则将语言活动扩展到了视觉艺术领域，她给她的画编故事，还利用教室模型（社会理解领域的一个评估活动）和公共汽车游戏（数学领域的一个评估活动）来编故事。

这种对活动的偏好（但这种偏好有时候会被认为是不能听从指导因而被忽视）具有一定的教育含义。我们发现一些儿童能够利用其智能强项来改善在其他领域的表现。例如，本（Ben）是一个擅长唱歌但对运动却不太有兴趣的男孩，当他唱歌时他的动作更有节奏感。他在故事板活动中还编唱了一首主题歌和一首葬歌来配合故事中人物的动作。理论上说，本可以利用他的音乐强项作为他从事学校学习的切入点。例如，他可以通过编一首歌表达一段文学作品的情绪，还可以通过学习不同的节奏来学习分数。

我们的研究将多彩光谱评估结果与教师问卷及家长问卷进行了比较，结果发现多彩光谱能够辨识出家长和教师都未发现的儿童在科学、音乐、视觉艺术和社会理解等领域的智能强项。当家长们听到他们的孩子具有音乐感知、机械、创造性运动等方面的智能强项时颇感吃惊，他们往往不难辨识出儿童在语言、数学领域方面的能力，却可能看不到儿童在机械技能、音乐感知等方面的能力。

比较多彩光谱评估结果和斯坦福－比奈智力量表（the Stanford-Binet Intelligence Scale）测试分数，发现两者呈弱相关。斯坦福－比奈智力量表的成绩一般不能预示儿童在多彩光谱评估活动中的表现。唯一的例外是斯坦福－比奈智力量表的分数与多彩光谱评估中儿童在音乐方面的表现似乎有一定的相关性。但由于样本较小（17个儿童参加了斯坦福－比奈智力测试），所

---

① 值得注意的一个有趣现象是，亚当发现儿童在几种活动中的得分存在一定的相关，这表明所测试的智能，虽然不是整体的，但可能也不是彼此完全独立的。

以还不能断然下结论。然而，根据罗切尔（Rauscher）及其同事最近的研究结果（Rauscher et al.，1997），这种相关性非常有意思，她们发现，儿童在早年学习音乐有助于他们日后在学校中对一些学科和符号的学习。

三、　儿童早期教育之比较

多彩光谱模式与其他早期教育方法有什么不同？之所以不宜将其归为传统教育方法，是因为它将课程和评估融合在一起。在此我们还是再略写几笔，以让读者更加清楚地了解多彩光谱到底是一种怎样的评估方法。

（一）课程方法

乍一看，多彩光谱似乎与那些着重于技能和知识的教学、为小学学业（如语言和数学）目标积极准备的传统教育模式毫不相关（Bereiter & Engelmann，1966），但它又不完全是"生成课程"（emergent curriculum）。所谓生成课程，是指课程由儿童的兴趣而非儿童先前的知识和成人的作用而引发（参见 Edwards，Gandini & Forman，1993）。多彩光谱可以在偏向以学业为中心的教育方法与偏向以儿童为中心的教育方法之间架起一座桥梁，它最初旨在全面地激发儿童的认知技能，但后来它使我们对认知技能的认识扩展到多种领域。

下面我们将多彩光谱与目前盛行的两个早期教育课程方案——蒙台梭利法（Montessori method）和方案教学模式（project-based model）简单地比较一下。

1. 蒙台梭利法

玛利亚·蒙台梭利（1964）认为儿童是通过感官进行学习的，因此她创制了一套感官材料用以促进儿童对周围环境的感知、加强儿童的体验。除了这些感官材料，她还创建了一套教学材料，用以帮助儿童为日后学业所需的技能（如读、写、算）做好准备。另外，她还采用一些实际生活中的材料激发儿童自主参加一些生活活动，如扣扣子或系鞋带（Feinburg & Mindess，1944）。蒙台梭利材料以一种预先安排好的顺序呈现，具有自我纠正的功能。

20世纪90年代，实施蒙台梭利法主要有两种形式：一种坚持它最初的形式，如国际蒙台梭利协会（the International Montessori Society）所倡导的；还有一种是更为现代的形式，如美国蒙台梭利协会（the American Montessori Society）所倡导的。

虽然多彩光谱和蒙台梭利法都强调材料要丰富、要能够激发儿童广阔领域的智能。但相比于蒙台梭利法，多彩光谱提供的材料限制性更少而开放性更强。大多数多彩光谱活动都没有预先设定哪种操作方式是对的。例如，儿童在故事板活动中可以根据不同的操作编出各种各样的故事，在沉浮活动中也可以进行不同的操作和实验。当然有一些活动具有自我纠正性，如装配食物研磨机和公共汽车游戏，但是大多数多彩光谱活动都具有自由游戏的性质。

蒙台梭利方法对使用特定方式操作材料的强调要甚于对激发创造力、合作计划、想象游戏或小组项目的强调（Greenberg，1990）。虽然蒙台梭利非常尊重儿童及其自主性，但她认为秩序感对于创造是必不可少的。因此，蒙台梭利材料按照一定的顺序呈现，儿童在成人的注视之下按照自己的步骤发展。每一种材料只集中训练一种感官；当一种感官参与时，其他感官往往被孤立了。多彩光谱材料的设计虽然是为了发现儿童在特定领域的智能强项，但却鼓励儿童在活动中运用多种感官自由地探索，因此，与其说多彩光谱注重活动意欲引发的潜能，还不如说注重所有关于潜能的表现。

因此，如同蒙台梭利方法一样，多彩光谱强调儿童在学习中的主动参与，强调课程的个别化，强调预先准备环境的重要性。但它对如何使用材料和活动场地的限制很少。

2. 方案教学模式

多彩光谱在理论上或许与皮亚杰和杜威的哲学思想方案教学模式更为接近（Katz & Chard，1989）。皮亚杰和杜威的理论都鼓励儿童在与物理世界和社会环境的互动中构建意义。如前所述，多彩光谱大多数评估都是通过与真实生活紧密联系的活动、让儿童在解决各种问题的任务情境中进行的。方案教学模式也同样为学习语言、数学及其他技能提供了真实的情境。

卡茨和查德(Katz & Chard, 1989)把方案教学定义为一小组儿童就不同的主题深入地学习。他们认为方案教学模式有 4 个学习目标：知识(如现象、概念、观点和词汇等)；技能(如学会阅读、数数、操作等)；性格倾向(即思维习惯或特定反应方式，如好奇地或友好地)；情感(即主观情感状态，如归属感或成就感等)。方案教学模式鼓励儿童自己选择、决定自己的学习进程，从而对周围环境中的事物和现象有更深的了解。

方案教学模式强调记录儿童活动的重要性，这点与多彩光谱相同(Edwards，Gandini & Forman，1993)。但是相比于多彩光谱，方案教学模式更加强调儿童在制订活动计划、活动实施以及评估中的积极作用。方案模式是在一段时间内对某项主题进行深入的探索，如探索超市、校车或某个建筑工地，教与学常常采用高度整合或跨学科的方法。与多彩光谱不同的是方案模式并不特别突出学科。例如，大多数方案活动并不是根据考察、培养和评估某一学科的关键能力的目的而设计的。相反，方案模式常常把某些学科作为教学或表达的工具，如艺术或运动。一些教师则会把这两种方法结合起来。例如，通过一个方案的实施把多彩光谱各领域的活动囊括进来。

银行街互动发展模式(the Bank Street developmental-interactionist model)(Shapiro & Biber，1972)在很多方面类似于方案模式。两种模式都强调把儿童在学校的学习和真实的生活联系起来。银行街模式强调让儿童通过自主选择和使用学习材料而获得具体经验。也许银行街模式和多彩光谱最大的不同点在于：前者从"全人"的角度来考虑，尽可能把认知的发展和情感结合起来，而多彩光谱则侧重认知的发展。

(二)评估方法

先前我们提到过，许多学前方案缺乏正式的评估体系。然而 20 世纪 90 年代，出版了两套专门为幼儿设计的评估工具：活动取样系统(the Work Sampling System)(Meisels，1993；Meisels，1994)和 High/Scope 儿童观察记录法(High/Scope Child Observation Record)(High/Scope 教育研究基金，1992)。与多彩光谱评估体系相同的是，这两种方法也都避开了考试的形式，取而代之的是让教师通过指南观察活动中的儿童。

1. 活动取样系统

活动取样系统(WSS)是塞缪尔·美索(Samuel Meisels)及其同事为解决3岁到小学五年级儿童评估工具缺乏而共同开发的。WSS是一种成就评估(performance assessment)，包括互补的三个方面：发展指南(附有一份两页纸头的量表，教师每年为每个儿童填写三次)；儿童作品夹(收集儿童一学年中的作品，用以跟踪记录儿童的成长)；教师小结报告(也是一年三次，根据发展指南和儿童作品夹提供的信息来写)。WSS通过这三种手段的结合使用"记录、评估不同时期儿童在各种活动和学习区的技能、知识、行为和成绩"(Meisels et al.，1994)。

初看起来，WSS评估的类项与多彩光谱类似(表2-2与表2-3)，然而两者的理论基础是有差异的。WSS根植于发展适宜性教学，而多彩光谱是以费尔德曼和加德纳的理论为基础的，他们都认为人类智力是多元的，且因领域存在着差异。回顾一下费尔德曼的"普遍－独特发展连续线"，我们就会发现WSS关注的其实是文化范畴的发展，这是一个所有儿童都有望能够达到的范畴(如数到5、清晰地表达以让他人理解)。多彩光谱显然与之有别，它关注于个体独特的能力强项和潜能，因而扩展到学科范畴甚至是独特性范畴。

WSS评估的领域来源于20世纪90年代早期教育课程的7大领域：个人和社会发展、语言和读写、数学思维、科学思维、社会学习、艺术、体育。这些领域的评估指标反映的是课程目标，其制订受很多因素的影响，包括当地的、所在州区的，以及国家的课程发展标准。相反，多彩光谱则根据在社会中被认为有意义的成人角色具备的能力以及成为这样的角色所需的能力来设计活动。有趣的是，虽然两者取径不同，但最终的一些评估标准上却极为相似。例如，这两种评估方法都提到要观察儿童对音乐的反应，观察他们如何运用线和形，观察作为舞蹈家和艺术家的一些重要技能，还有都提到了早期教育课程的一些普遍因素(两种方法的样表，见表2-4和表2-5)。

总之，WSS在很多方面值得借鉴。该方案提供的方法可以系统地记录

3～10岁儿童的成长和发展；同时提供了专业发展的程序和材料；建立了内在信度和相关信度，并参照了常模（Meisels，Liaw & Nelson，1995）。而多彩光谱则可以作为课程的一个组成部分，持此观点的人认为：在评估之前，应提供多种领域的材料和信息来引发他们展示自己的认知能力和潜能。

2. High/Scope 儿童观察记录法

和 WSS 一样，High/Scope 儿童观察记录（COR）是用来观察儿童在一段时期的成长和发展。它适用于 2.5～6 岁的儿童。虽然 COR 根据 High/Scope 课程发展而来（此课程主要是以皮亚杰理论为基础的），但它可以用于一切发展适应性的早期儿童保育方案。COR 的评估类项包括 6 方面的内容：主动性、社会关系、创造性地表现、音乐与运动、语言与读写、逻辑与数学①。这些类项比较全面，涵盖了儿童在认知、社会情感和身体运动（见表 2-6）等多方面的发展，反映了由国家幼儿教育协会认定的儿童发展的关键因素（Bredekamp & Rosegrant，1993）。

COR 报告一年需要填写几次，教师每天都要运用 COR 观察活动或游戏中的儿童，然后将观察的逸事记录在笔记卡上或常用的记录表中作为日后填写 COR 报告的资料。COR 与 WSS 一样（但与多彩光谱不同），考察的是儿童一般的发展状况，而不是强调个人独特的智能强项（见表 2-7）。COR 评分与麦卡锡幼儿分段能力测试（McCarthy Scales of Children's Abilities）（McCarthy，1972）得分的相关性为 0.27～0.66（High/Scope，1992）。

多彩光谱应该被看作是 WSS 和 COR 的补充，而不是它们的对立物或替代品。三种方法之间的差异源于各自最初目的的差异：多彩光谱最初是一个研究项目，欲将一种更多元更情境化的智能观应用到教学实践中；COR 最初是为了配合皮亚杰派的 High/Scope 课程而设计的；而 WSS 最初则是为了寻找一种不同于传统的标准化测试的评估方法。这三种方法都采用描述性报告的形式，都建议长期收集儿童的作品。虽然三者都强调观察的重要性，但 WSS 和 COR 为教师进行系统的日常观察及记录提供了一种更结构化的形式

---

① 最初的 COR 记录法把逻辑与数学分为 5 个领域：分类、排序、数字、空间和时间。

和指导。另外，WSS 和 COR 为教师提供了较具专业性的发展方案，而零点项目在这方面的研究则刚刚起步。

表 2-2　多彩光谱评估范畴

运动	视觉艺术
● 创造性运动评估： 双周运动课程	● 艺术夹： 通过结构性活动收集的儿童 全年艺术作品集
● 体育运动评估： 障碍活动课程	
语言	社会
● 虚构性叙述评估： 故事板活动	● 社会分析评估： 教室模型活动
● 描述性叙述评估： 报告者活动	● 社会角色评估： 同伴互动检表
科学	音乐
● 自然学家评估： 发现区	● 音乐表现评估： 《生日快乐》歌 新歌——《飞上天》 《动物歌》
● 逻辑推理评估： 寻宝游戏	
● 假设验证评估： 沉浮活动	● 音乐感知评估： 音高匹配游戏 歌曲识别活动
● 机械智能评估： 装配活动	
数学	活动风格
● 数数/策略评估： 恐龙游戏	●活动风格检核表
● 计算/符号运用评估： 公共汽车游戏	

摘选自《多彩光谱项目：学前儿童评估手册》，克瑞克维斯基著，纽约：师范学院出版社，1998

表 2-3　活动取样系统的评估类项

Ⅰ．个人与社会发展	Ⅳ．科学思维
●自我概念	●观察与探究
●自我控制	●设问与预测
●学习方式	●解释与得出结论
●与他人的互动	
●冲突解决	
Ⅱ．语言与读写	Ⅴ．社会学习
●听	●人与人的异同
●说	●人际交往
●文学与阅读	●权利与义务
●写作	●人与他们生活的地方
●拼写	●人与过去
Ⅲ．数学思维	Ⅵ．艺术
●数学思维的方法	●表达与表现
●模式与关系	●艺术欣赏
●数概念与运算	Ⅶ．运动发展
●几何与空间关系	●大动作发展
●测量	●精细动作发展
●概率与统计	●安全与健康

摘选自《综合指南：学前到小学三年级》(第三版)，Jablon，J. R. et al.，Ann Arbor，MI：Rebus Planning Associates，1994

表 2-4　多彩光谱观察样表

教室模型观察表(节选)

儿童＿＿＿＿＿＿＿＿＿＿＿　　　　　观察者＿＿＿＿＿＿＿＿＿＿＿

年龄＿＿＿＿＿＿＿＿＿＿＿　　　　　日　期＿＿＿＿＿＿＿＿＿＿＿

1. 大部分时间你待在教室的什么地方，请指给我看看

   那是你最喜欢的活动吗？为什么？

   如果那个地方已经有很多人了，你会怎么办？指给我看看你会到哪儿去？

2. 这儿有一些你玩过的各种游戏的图片

   你认为你最擅长哪一个？

   为什么？

   你认为哪一个是最难的？

   为什么？

续表

你最喜爱的游戏是哪一个？

3. 让我们把儿童放到他们所喜欢玩的地方，指出班上哪个同学总是在什么地方玩

积木区＿＿＿＿＿＿＿＿＿＿＿＿＿＿＿＿＿＿

戏剧游戏区＿＿＿＿＿＿＿＿＿＿＿＿＿＿＿＿

艺术区＿＿＿＿＿＿＿＿＿＿＿＿＿＿＿＿＿＿

玩水台＿＿＿＿＿＿＿＿＿＿＿＿＿＿＿＿＿＿

写字桌＿＿＿＿＿＿＿＿＿＿＿＿＿＿＿＿＿＿

到这儿，请儿童帮你把象征物放回到磁性板上，再开始问下一个问题。

摘选自《多彩光谱项目：学前儿童评估手册》，克瑞克维斯基著，纽约：师范学院出版社，1998

表2-5　活动取样系统发展指南节选

Ⅰ. 个人与社会发展(节选)

B. 自我控制

1. 遵守教室规则和秩序

4 岁的幼儿喜欢稳定的规则。如果规则清晰且一直被遵守，他们会有安全感，更易参加活动

●水台区的规则是"一次只能有 4 个人"，因此在这里儿童要懂得等候他人离开

●无须过多提醒，能够清洁自己的饭桌，包括把杯子放到指定的地方，把纸巾和残留物扔掉

●穿过花园或没有交通灯的街道时懂得搀手(或抓住绳子)

●饭前洗手

●知道把已经画完的画从画架上揭下并知道应放在哪儿晾干

●听完故事后知道把录音机关上

●清理结束知道去集体活动区

2. 有目的地使用教室材料并加以爱护

学校鼓励儿童爱护物体、保持教室清洁有序。儿童对材料的爱护包括以下几方面

●帮助清扫玩沙台

●把积木放到指定的地方

●认真看书，看完后知道放回到书架

●小心地操作发现区的物体

●小心谨慎地摆弄教师的吉他

3. 适应变化

4 岁的幼儿喜欢稳定的规则，任何规则的改变或事情的变化都会让他们感到不安。儿童能适应变化的表现包括以下几方面

●来园时能够与父母（或抚养者）愉快地告别

●听到整理清洁的信号，能够放下自由活动

●对变化没有过激的反应

●帮助教师用信号提醒变化

●在客人来访进行特别的活动之时，提前收拾好东西

摘选自《学前到小学四年级发展纲要》（第三版），Marsden，D.，et al.，Ann Arbor，MI：Rebus Planning Associates，1994

表2-6 High/Scope 评估类项

Ⅰ. 主动	Ⅲ. 创造性地表征
A. 说出自己的选择	J. 制作与建构
B. 解决问题	K. 绘画
C. 参与复杂游戏	L. 装扮
D. 活动之间进行合作	
Ⅱ. 社会关系	Ⅳ. 音乐与运动
E. 与成人的关系	M. 身体的协调
F. 与其他幼儿的关系	N. 手眼的协调
G. 同伴交往	O. 根据稳定的节拍运动
H. 参与解决社会问题	P. 听懂音乐以及运动指令
I. 情感的理解与表达	
Ⅴ. 语言和读写	Ⅵ. 逻辑与数学
Q. 理解话语	W. 分类
R. 说	X. 会运用"没有""一些""全部"等词汇
S. 对阅读有兴趣	
T. 知道有关书籍的知识	Y. 能有序地安排材料
U. 开始阅读	Z. 使用对比的词汇
V. 开始写作	AA. 比较物体的数量
	BB. 数数
	CC. 描述空间关系
	DD. 描述因果和时间

摘选自《2.5～6岁儿童观察记录》，High/Scope 儿童教育研究基金会，Ypsilanti，MI：High/Scope Press，1992

表 2-7　High/Scope 评估指南节选

根据对活动中的儿童进行日常观察，然后逐项勾选最能说明儿童行为最高水平的选项。

Ⅱ. 社会关系(节选)

F. 与其他儿童的关系	第一次	第二次	第三次
不与其他儿童玩	———	———	———
回应其他儿童的主动交往	———	———	———
主动交往	———	———	———
与其他儿童保持交往	———	———	———
与其他儿童合作完成复杂的活动(分享劳动、遵守规则)	———	———	———

评注：

　G. 交友

不能叫出同学的名字	———	———	———
能够叫出一些同学的名字，偶尔与他们交谈	———	———	———
认为某个同学是自己的朋友	———	———	———
被他人当作朋友	———	———	———
得到朋友的支持并能对朋友忠诚	———	———	———

评注：

摘选自《2.5～6 岁儿童观察记录》，High/Scope 儿童教育研究基金会，Ypsilanti，MI：High/Scope Press，1992

四、 多彩光谱方法的特色

在项目研究的早期，我们就已经将多彩光谱方法应用到不同情境中。我们的研究人员深入到学校和教室，担任教师和行政人员。通过他们的经验，以及全国各地教育工作者反馈给我们的信息，我们对多彩光谱不同于其他课程或评估方法的特色有了更充分的了解。我们将在以下的篇幅中对多彩光谱的特色进行一些总结。

（一）多彩光谱改变了人们对"智力"的看法

我们很多人往往认为一些活动，如富有表现力的运动、雕刻作品、照顾朋友等不能算作智力活动。多彩光谱提出：在这些通常不被认为是解决认知问题的活动中，同样存在着认知和智力因素。实际上，许多教师在最初被告知要对儿童的运动创意、艺术作品、互动风格进行评估时也感到无所适从。但是多彩光谱向我们提出了挑战，要求我们重新审视自己的信念；对我们所谓"值得评估的活动"提出了质疑，迫使我们重新思考习惯于只评估语言和逻辑数学能力的背后隐藏着的观念和价值观。

如前所说，多彩光谱的特色之一在于其建立的理论基础。如果我们所重视的就是我们所评估的（如果说我们重视评估），多彩光谱则提供了一整套使我们的评估方法更加完善的系统方案。虽然多彩光谱并不试图涵盖儿童发展的所有方面，但它确实开发出在多个认知领域评估儿童发展的方法。而多元智能理论的宗旨就是拓展认知能力和认知活动的范围。

多数情况下，帮助教师重新理解智力只是评估活动的第一步，家长也常常低估了他们的孩子在"非学业"领域的能力。珍妮特·斯道科（Jenet Stork）在离开多彩光谱担任一项早期教育方案的主管时，发现多彩光谱理论为她和家长谈论其孩子的能力提供了一种全新的视角。以山姆（Sam）为例，珍妮特·斯道科帮助他的父母看到了他感兴趣和擅长的那些领域以及语言学习中存在的困难。几次会谈后，山姆的家长已经能够欣赏他们的儿子用积木进行建构的能力，并逐渐认识到机械建构能力也是一种智力，应该得到承认并予以培养。

（二）多彩光谱以一种新方式看待儿童及其作品

很多优秀的教师已经意识到多彩光谱所提出的维度，但是缺少一个正式

的体系表述这种思想并将之运用到实践中。多彩光谱提供了一整套在情境中
评估认知能力的方案，通过识别儿童的能力强项所在来照亮儿童的心智特
质。如果教师不知道某个儿童擅长哪项能力，或者想知道某儿童在某特定领
域内的能力，那么她可以用多彩光谱活动进行更深入的评估，然后根据评估
结果对课程进行适当调整。例如，为儿童进入某一领域提供更多的途径，利
用儿童的能力强项作为"钩子"或"桥梁"将儿童引入其困难领域，以及与音
乐、美术或体育专家进行更有效的合作。

多彩光谱评估提供了一整套可以按领域对儿童进行细致观察的方案，一
旦教师习惯于发现儿童的能力强项，他会有很多意外的收获。特殊教育教
师——派格·道弗蒂(Peg Daugherty)在长岛小学时曾和同事接受过多彩
谱的培训，他发现佐伊(Zoe)的能力强项就是一个例子。佐伊是个内向瘦小
的一年级学生，比一般同学小 10 个月(Daugherty, personal communicatim,
1996)。在为期两个月的关于鸟的一个主题单元活动中，佐伊表现出惊人的
模仿鸟唱歌的能力。于是当班教师让她模仿各种不同的鸟叫声，佐伊由此赢
得了同伴的尊敬并提升了在班级中的地位。接着教师进一步把课程建立在佐
伊对韵律和声音的敏感这一能力基础上，通过押韵和诗歌来引导她阅读。

(三)多彩光谱提供了通向课程的多种可能途径

多彩光谱评估活动及其一整套方案使课堂得以延伸，多彩光谱多种领域
的活动和材料激发了儿童在各领域的探索。一些领域(如音乐、美术)并不是
专家才可以从事的，教师将这些都搬入了教室。与传统的教室不同，乐器、
唱片、体育设施如平衡木都被有效地整合到多彩光谱教室中。另外，教师还
为儿童提供了广阔范围内的后继活动和更多的选择。

在一个多彩光谱的实验小学，一位幼儿园教师第一次把音乐和美术整合
到对整个班级的指导中。集体课后不再安排全班统一的后继活动，而是根据
儿童能力强项设计各种可选择的解决问题的活动。

在另一所学校里，多彩光谱前研究者之一的米里亚姆·雷达—罗斯
(Miriam Raider-Roth)给 8 岁的约斯(Jose)提供了故事板活动(可用纸盒板

做，配以场景和道具）想发现如何帮助他学会读和写。罗斯操纵着故事板上的物体，讲了一个复杂的故事（Raider-Roth, personal communication, 1994）。当罗斯认识到约斯需要用动作来学习字母时，她就拓展课程，让他用手指画出字母，用身体表现字母，用舞蹈表现故事。通过这些活动的结合，通过富于文字的方案以及有组织的发音辅导，约斯最终学会了阅读。

(四) 多彩光谱强调课程的内容

多彩光谱不仅拓展了智能的外延，而且也致力于挖掘智能的内涵，并以有意义的现实社会需要为基础建立早期儿童教育课程。多彩光谱既不想使小学课程幼儿化，也不是纯粹的"游戏玩乐"。课程的目的不是为儿童日后语言或数学技能的发展提前做准备，而在于激发儿童的探索欲，激发他们积极地建构意义、创造符号，而这些对儿童日后的学业学习甚至工作的成功都非常重要。

多彩光谱各个领域的活动也便于更深入地观察儿童在某特定领域的表现。例如，在运动领域，除了能看到埃里克和基娜运动发展（如他们是否能学会单脚跳和单脚平衡）的情况，还可以观察到他们动作创意的能力、通过动作表达情绪的能力、灵敏地完成某个障碍活动的能力。多彩光谱非常注重评估的内容，但这种内容反映的不是传统课程，而是根植于费尔德曼发展连续线中非普遍发展范畴的活动。

虽然学前阶段不太强调课程的内容，但多彩光谱在教师培训和聘用、联合教学以及社区参与等方面的做法都会对学前教育有重要的启发意义。大多数师范课程忽视培养教师对语言和数学两个领域之外的能力的观察技能。对教师的聘用也常常选择那些在某个领域有专长的人，而不是受过全面培训的多面手。因此这些教师要与那些在其他领域（如音乐、美术、体育）有着专长的教师或专家进行联合教学。家长及来自社区的顾问也可以作为职业代表参与到活动中，共享不同专业的经验。最后，可以充分利用社区资源。例如，通过参观博物馆和自然区、邀请艺术家亲临教室等方式，来拓展课程、培养儿童的能力强项。

(五)多彩光谱强调儿童的能力强项

与诸多盯着儿童不足的评估方法不同，多彩光谱强调对儿童能力强项的识别和展现。它不断地提醒我们不要在追逐教育目标的过程中忽略了儿童的能力强项。这并不是说每个孩子在每个领域都能有着或应该有能力强项，因为并不是每个儿童都擅长拆卸装配，也不是每个儿童都能胜任障碍活动。多彩光谱想说明的是这样一个问题：所有儿童都至少在某一个领域有着相对于自己或相对于他人的智能强项。

多彩光谱并非抽象地强调儿童的智能强项。虽然良好的自我感觉是学习的重要前提之一，但美国人有时候过于骄傲，而缺少真正值得骄傲的成绩（Damon，1995）。多彩光谱则通过实际的内容使"让我们加强自尊"这样的口号不再空洞，因为多彩光谱在多个领域里通过活动和解决问题的方式进行评估，儿童良好的自我感觉建立在具体的成绩和对自我能力真实了解这两个基础之上。

第三章讨论了教师可以通过了解、培养儿童的能力强项来促进他们的学习和参与。培养儿童的能力强项包括：让儿童有机会自己进行思考；有机会与他人分享自己的思想、作品和成绩；有机会对自己的学习和游戏进行反思。对于年龄稍大的儿童，教师有时候可选教一些多元智能的理论和概念，让儿童、家长和新教师逐渐认识到不应从单一的维度而应从多元的维度来思考智力（Kornhaber & Krechevsky，1995）。如果儿童看到每个同学都在学习的某个方面或某个问题上表现出不同的能力强项，如果他们看到没有一个人在所有领域都是最好的或最差的，那么他们就会更加尊重自己的同伴。许多学校在运用多元智能理论后都反映说儿童彼此更加尊重，行为问题也更少了。

(六)多彩光谱使教师和学生可以通过多种语言进行学习

由于多彩光谱具有上述特点，加州大学(位于萨克拉曼多)的教师乔·格斯曼(Jo Gusman)把多元智能(MI)称为"伟大的公平者……如果教师对7种智能都予以关注，则儿童在教室中的状况会因此而改变"。格斯曼训练教师采用多彩光谱方法来帮助母语非英语的儿童更充分地参与到学校中。格斯曼说："将音乐、美术、运动以及其他符合系统整合在每一门课程中，不仅可以帮助那些母语非英语的儿童有效地学习并取得成功，而且也可以对那些母语为英语的儿童有所助益。"

格斯曼回忆了她在萨克拉曼多新移民学校（这是长达 15 年服务于东南亚难民的一所学校）的幼儿园任教的第一个星期，格斯曼讲的是西班牙语，而她的 35 个学生是讲 12 种不同语言的儿童，格斯曼每天都是流着眼泪回家的。后来她注意到儿童非常喜欢她的一张唱片——《安妮》，于是她决定让孩子们表演这幕剧。她每次教一句，将《安妮》的每一首歌都教给了孩子。孩子们通过听音乐、画画、表演、逐字阅读等方式理解每一句歌词的意思。到了 11 月份，孩子们不仅能够表演这幕剧，而且还能用英语和记者进行交谈。

（七）多彩光谱改变了人们对"天赋"和"天才"的看法

从事其强项领域活动的儿童，对多彩光谱多少表现出矛盾的反应。如果每个儿童都具有其强项领域，则很难说那些目标锁定于极少数人的方案或计划无可非议。然而许多天才/天赋方案都已开始利用多彩光谱扩展他们对天赋的定义。奉行这些方案的领导和教师进一步修订多彩光谱评估活动用来评估具有天赋的儿童，而他们以前的标准大大低估了儿童的天赋，尤其是一些英语不好的儿童、发展迟缓的儿童、来自于环境不利家庭的儿童。在第六章，我们将例举一个从学前到小学二年级的市郊公立学校对此方案进行讨论。

五、　结语

本章讲述了一些研究者为寻求一种新的评估模式所做的努力，还总结了多彩光谱与其他学前课程和评估模式相比所具有的几个特点，正是这些特点构成了多彩光谱独特的框架和理念。全国各地的教育工作者对此做出了积极的反应，这使我们感到非常惊喜。多彩光谱方法改变了早期教育的对立位置，转而帮助儿童发展学业技能，以在竞争中占有优势，让儿童能够开心并醉心于自由探索。

但也需注意一些问题。首先，我们一直不厌其烦地提醒，多彩光谱不是一种课程，也不是一种可以包揽一切的全面的早期教育的方法，甚至也不是一种组织班级的方法。而是一种理解不同认知的方法——与其说它是某种具体的方法，不如说是一种思维方式。有了多彩光谱提供的思维，我们可以走进任何一座学校或教室，检查、评估正在发生的事情或将要发生的事情。

其次，任何评估都需要不止一次的评测。教师在了解儿童的相关信息的基础上，可以考虑多彩光谱所提供的信息。这种方法不应作为又一套给儿童贴上标签的工具，也不应由此过早地将儿童引入过窄的教育途径。它旨在扩展而不是束缚或限制儿童的机会和选择范围。

最后，教育工作者们肯定还在为学校"应该重视哪些技能和思想，应该让孩子们学习什么"等难题而大伤脑筋，但多彩光谱不是告诉学校或教师应该教什么。一旦这些问题弄清了，多彩光谱方法就能够有效地服务于更开阔的教育目标。它就可以用来扩展儿童在诸多领域的经验，用来支持儿童在一些特定领域的能力。一个社会可能会认为语言和社会交往技能是最重要的教育目标，并因而强调语言和人际能力，或者认为要培养所有的能力。但无论如何，重要的是教育内容确定之前必须对教育目标和教育价值进行更为开放的讨论。

既然我们已经开发出用以识别和评估学前儿童能力强项的一整套方案，我们就准备更充分地挖掘其教育内涵。例如，多彩光谱适用于公立学校吗？它能改善儿童的学业成绩吗？如果可以，又用什么方法呢？它能够帮助那些被认为学业失败而处境危险的儿童吗？我们将在下一章就此问题和其他一些相关问题作更详细的讨论。

参考文献

Adams, M. L. (1993). *An empirical investigation of domain-specific theories of preschool children's cognitive abilities. Unpublished doctoral dissertation*. Medford, MA: Tufts University.

Bereiter, C. & Engelmann, S. (1966). *Teaching disadvantaged children in the preschool*. Englewood Cliffs, NJ: Prentice Hall.

Bredekamp, S. & Rosegrant, T. (1993). *Researching potentials: Appropriate curriculum and assessment for young children*, Vol. 1. Washington, DC: NAEYC.

Damon, W. (1995). *Greater expectations: Overcoming the culture of indulgence in America's homes and schools*. New York: Free Press.

Edwards, C., Gandini, L. & Forman, G. (1993). *The hundred languages of children*. Norwood, NJ: Ablex.

Feinburg, S. & Mindess, M. (1994). *Eliciting children's full potential*. Belmont, CA: Brooks/Cole.

Feldman, D. H. (1991). *Nature's gambit*. New York: Basic Books. (Original work published 1986)

Gardner, H. & Hatch, T. (1989). Multiple intelligences go to school: Educational implications of the theory of multiple intelligences. *Educational Researcher*, 18(8), pp. 4-10.

Gardner, H., Hatch, T. & Torff, B. (1997). A third perspective: The symbol systems approach. In R. Sternberg & E. Grigorenko (Eds.), *Intelligence, heredity, and environment* (pp. 243-268). New York: Cambridge University Press.

Greenberg, P. (1990). Why not academic preschool? *Young Children*, 45(2), pp. 70-80.

High/Scope Educational Research Foundation (1992). *High/Scope Child Observation Record*. Ypsilanti, MI: High/Scope Press.

Katz, L. & Chard, S. (1989). *Engaging children's minds: The project approach*. Norwood, NJ: Ablex.

Kornhaber, M. & Krechevsky, M. (1995). Expanding definitions of teaching and learning: Notes from the MI underground. In P. Cookson & B. Schneider (Eds.), *Transforming schools* (pp. 181-208). New York: Garland.

Krechevsky, M. (1998). *Project Spectrum: Preschool assessment handbook*. New

York: Teachers College Press.

Krechevsky, M. & Gardner, H. (1990). The emergence and nurturance of multiple intelligences: The Project Spectrum approach. In M. J. A. Howe (Ed.), *Encouraging the development of exceptional skills and talents* (pp. 222-245). Leicester, UK: British Psychological Society.

Marsden, D., Meisels, S. J., Jablon, J. & Dichtelmiller, M. (1994). *Preschool～4 Developmental Guidelines* (3rd ed). Ann Arbor, MI: Rebus Planning Associates.

McCarthy, D. A. (1972). *McCarthy's Scales of Children's Abilities*. New York: Psychological Corporation.

Meisels, S. J. (1993). Remaking classroom assessment with the Work Sampling System. *Young Children*, 48(5), pp. 34-40.

Meisels, S. J., Jablon, J., Marsden, D., Dichtelmiller, M., Dorfman, A. & Steele, D. (1994). *The Work Sampling System: an overview*. Ann Arbor, MI: Rebus Planning Associates.

Meisels, S. J., Liaw, F. R. & Nelson, R. F. (1995). The Work Sampling System: Reliability and validity of a performance assessment for young children. *Early childhood Research Quarterly*, 10, pp. 277-296.

Montessori, M. (1964). *The Montessori method*. New York: Schocken Books.

Rauscher, F. H., Shaw, G. L., Levine, L. J., Wright, E. L., Dennis, W. R. & Newcomb, R. L. (1997). Music training causes long-term enhancement of preschool children's spatial-temporal reasoning. *Neurological Research*, 19, pp. 2-8.

Shapiro, E. & Biber, B. (1972). The education of young children: A developmental interaction approach. *Teachers College Record*, 74, pp. 55-79.

第三章 面向处境困难儿童的多彩光谱学习区

MIANXIANG CHUJING KUNNAN ERTONG DE DUOCAI GUANGPU XUEXIQU

1990年10月初的一个下午，多彩光谱的研究人员和来自马萨诸塞州萨莫维尔市小学一年级的4位教师欢聚一堂。萨莫维尔市位于波士顿西北部约5公里处，居民人种混杂，经济收入差异较大，中等家庭的收入略低于州平均收入水平。这4位教师是自愿参加多彩光谱项目的，她们是莱特太太（Mrs. Wright）、戴维逊太太（Mrs. Davidson）、麦卡锡太太（Mrs. McCarthy）、柏威尔太太（Mrs. Paivio），分别来自于三所不同的小学，均具有9～23年的教龄，且有丰富的教学经验，其中3位还获得了教育学硕士学位。这次会面的目的在于促进多彩光谱的研究人员与学校教师之间的相互学习，并加深对学生的了解。

新英格兰的秋天天空湛蓝，阳光明媚，温暖宜人。然而，听着老师的讲述，我们只感到一丝寒意袭来，仿佛万里晴空刹那之间阴云密布。

莱特太太先发言，她说："今年我们班有很多存在学业困难的孩子，举个例子说吧，鲍伯在幼儿园里复读过，但好像还是什么也不懂。开学以来我一直在密切观察他，发现他很难集中注意力，极容易分心，如果不一直鼓励他，可以说他就无法开始做作业。即使他开始做某件事情，也无法保持一分钟以上的注意力。还有，即使在需要帮助的时候，他也从不提问。除非我在他身边，否则他不是坐立不安，就是没精打采地伏在桌子上。可我有24个孩子需要照顾，所以他很少能完成任务。"

"不只是你遇到了这种情况，"麦卡锡太太接着说，"我的班上今年有25个学生，至少有6个情况和鲍伯类似。25个孩子中，大多数是接受免费午餐的，其中10个来自单亲家庭，7个来自非英语家庭，至少有1个在家里经常受到体罚，还有4个已经开始向特殊教育寻求咨询。我也希望我能帮助他们每个人，但不太可能，一个班有25个学生，而老师只有一个。"

另外三位老师也点头表示赞同，柏威尔太太补充道："今年我们班有 6 个学生接受补习，这些孩子每天早晨都在教室外接受一段时间的额外辅导，这使他们认为他们与同伴不同，我担心这会影响到他们的自尊。"

这些老师讲述的都是事实，当时，萨莫维尔公立学校中有三分之二学生的母语不是英语，10 个学校中就有 8 个因为这些特殊需要而要申请 Chapter I 联邦基金。虽然社区的大多数老师都在为学生的进步（尤其是学业成绩的提高）而努力奉献，但由于可用资源有限，不可能满足各种不同的需求，教师们也因此而感到沮丧。

很多市中心学校的学生来自单亲家庭、低收入家庭或刚移民的家庭，萨莫维尔只是其中的一所。由于家庭经济贫困以及文化和语言等方面的差异，或者其他一些原因，这些家庭的孩子在入学时往往尚不具备能帮助他们取得学业成功的一些必要技能。而学校也没有为这些生长在不同背景下的孩子提供多少特殊的帮助。虽然这些孩子大多数也很机智聪明，但他们的学业成绩往往不好，辍学率较高，缺乏自尊，对学校的态度也不太友好（Hanushek，1996；Schorr & Schorr，1988）。

学业不佳或处境困难的儿童占全美中小学生总数的三分之一，而且据估计，这个比率在未来几年还将继续增加[①]（Brodinsky & Keough，1989；Ingels，Abraham，Karr，Spencer & Frankel，1992）。处境不利儿童人数的不断增多令所有人（包括教师和研究人员）都非常沮丧，并感到了巨大的压力和挑战。而以前的一些行之有效的方法现在不再奏效，因此学校必须探索新的方法应对儿童日益变化的需要。

萨莫维尔学校有许多学生正面临着学业失败，因此我们选择该校作为此阶段研究的一个实验基地。我们认为教育干预越早越好，因此我们的研究主要集中在一年级。在提出新的教育方法之前，必须考虑这样一个基本问题：我们是否一致认为每个学生都能够学习，且都想在学校中或生活中取得成

---

① 虽然对于学业困难没有一个统一的定义，但大家都提到一些共同的特征，如贫穷、营养不良、英语的薄弱、较低的自尊、学业成绩差等（Brodinsky & Keough，1989；Comer，1988；Willis，1989）。

功？如果答案是肯定的，我们则需要进一步思考：对于这些与我们有着不同的成长背景、不能适应传统教学方式的儿童，有没有更有效的教育方法？

根据过去5年多彩光谱的研究和实践中获得的经验和所做的思考，我们认识到，把多彩光谱从理论模型转换为实践的过程中，会遇到以下几个挑战：首先，多彩光谱方法虽已成功地用于评估4岁幼儿在广阔领域内的技能和潜能，但这些孩子主要来自于中产阶层的白人家庭，现在推广到年龄更大而且背景不同的儿童身上，会有效吗？

其次，多彩光谱的评估活动基本是一对一地进行的，这对于想在课堂上运用此方法的教师来说非常不实际。我们能否开发出可以整合到教师日常教学中的评估方法，比如说制定一种非正式的观察量表？我们怎样才能保证这些非正式的观察能够准确地反映儿童的行为和表现？

再次，如果能够在教室情境中识别出儿童的智能特征，我们可以怎样利用这些信息？怎样进一步把评估、课程和指导整合起来，用以识别、培养和发展儿童的智能强项和兴趣？

最后，虽然我们相信每一种智能都具有一定的价值和作用，但我们同时也强烈地意识到：学校所言的学业成功仍然取决于儿童语言智能和数学逻辑智能的发展。如果我们发现某个孩子在一些非传统的领域中（如视觉艺术、机械建构）具有智能强项，我们能否利用他们的智能强项带动其学业目标的实现？如果可以，又如何在两者之间建立起桥梁？

基于这些思考，我们在萨莫维尔一年级的研究中提出了三大目标：①引导儿童涉足更多的学习领域；②识别并支持儿童的强项领域；③利用儿童的智能强项改善其整个学业表现。

我们清楚地意识到我们将面临新的挑战，因为与以往所接触的儿童相比，现在关注的这些孩子背景更复杂、面临的学业困难更大，而且萨莫维尔的教师也是第一次接触多元智能和多彩光谱方法。我们预想到今后的研究肯定会遭遇很多困难甚至失误，但我们更希望能通过多彩光谱方法全力帮助那些或许会陷入学业困境的儿童获得成功。

一、 引导儿童涉足更多的学习领域

我们采用"学习区"的方法引导儿童逐步涉足更广阔的学习领域。我们把多彩光谱的 7 个评估领域扩展到 8 个，即把自然科学和机械－建构分设为两个区，因为它们需要的材料有很大的不同。这样一来多彩光谱学习区共包括：语言区、数学区、科学区、机械－建构区、艺术区、社会区、音乐区和运动区。每个学习区都备有各种有趣的材料，有买的、自制的，还有回收的废弃物品。例如，在音乐学习区，有打击乐器、音筒、收录机和磁带等；在机械－建构区，有木桌、老式打字机，还有许多工具及配件（如坏钟、转笔刀），以及积木和建构类的玩具。

多彩光谱学习区的结构非常灵活：既可以设在教室的某个角落，也可以用几张桌子拼隔而成，还可以专门划出某个特定区域；每个学习区都集中了该领域所需要的典型材料，儿童可以在"自由活动"时间或区域活动时间自由地操作。

刚听到有关学习区的介绍时，麦卡锡太太说："我在 20 年前就曾采用过学习区的方法，但不管用。"接着她又说："我怎么能相信现在这种方法就会奏效呢？"学习区方法在教育实践中的确不是什么新方法，实际上，多彩光谱学习区与其他许多优秀的早期教育方案中所采用的学习区方法的确具有很多共同之处，例如，都倡导采用可操作的材料、小组活动的形式和自由选择的原则等。

多彩光谱的学习区之所以与众不同，在于它以多元智能理论为基础进行设计，旨在系统地发现并支持儿童的强项领域和对某一领域的特殊兴趣。为了设计学习区的活动，我们首先提炼并完善了多彩光谱早期研究提出的 8 项关键能力。所谓"关键能力"，是指儿童在每个知识领域成功地完成任务所需要的基本能力和认知技能，如音乐的关键能力包括音乐感知、音乐表现（production）和音乐创作（composition）等能力。接着，进一步认证了每种关键能力所包含的基本认知技能，即"要素"，如音乐感知这种关键能力包括对强弱度的感知（高音还是低音）能力、对节拍和节奏范式的感知能力、辨别音高的能力、辨别音乐风格以及不同乐器和声音的能力（详见附录 B"多彩光谱关键能力")。

关键能力对学习区的学习和评估起着非常重要的作用。一方面，我们可以据此为教师和儿童提供能激发各种关键能力的活动；另一方面，教师可以以"多彩光谱关键能力"为指南，观察儿童在不同领域的强项或弱项。因此，多彩光谱学习区不仅为儿童提供了丰富的材料和活动，而且还成为教师的一种观察工具，帮助他们在孩子探索某种材料或进行某项活动的过程中对其进行日常观察。

虽然多彩光谱独具特色，但我们知道单是学习区和活动的设计还不足以保证具体实施的成功，因此我们不能立刻回答麦卡锡太太的问题。能否在萨莫维尔成功地施行多彩光谱方法还取决于其他许多因素。例如，教师对多元智能理论及多彩光谱方法是否理解，学习区和教师课程目标之间是否匹配，孩子能否积极地参与活动等。虽然多彩光谱学习区提供了许多丰富多彩且富有吸引力的活动和材料，但它不仅仅是一套课程活动，更是一条通向个性化学习的途径，是将建立在多元智能理论基础之上的多彩光谱方法应用到个性化学习的一个载体，因此教师对多元智能理论的理解和支持是其中很重要的一个因素。

为了帮助教师熟悉多彩光谱方法，我们在1990年夏天举办了为期两天的专题研讨会。会前，我们请麦卡锡太太等4位教师阅读有关多彩光谱原理和各个学习区的材料。会上，大卫·费尔德曼和霍华德·加德纳陈述了他们对多彩光谱方法应用到课堂的一些思考。此外，我们还邀请了两位萨莫维尔幼儿园的教师，她们在1988～1989年度与我们合作过，她们当时采用的是"多彩光谱领域活动简本"（MSPEI），这是多彩光谱评估工具的一个简缩本，曾在艾略特-皮尔逊幼儿园评估儿童的（不包括保育园婴幼儿）认知能力，并在一年级儿童中使用过。这两位教师讲述了她们如何利用多彩光谱评估活动所获得的信息制订课程计划的体会，随后我们介绍了每个学习区的设计思路、性质和结构，并让教师自己操作那些材料，自身体验一下那些活动。

会上，我们还讨论了许多有关多彩光谱实施过程中的具体问题。例如，学习区的创建、管理、家长参与等，还讨论了教师如何运用"多彩光谱关键能力"对儿童进行观察以识别他们的能力强项。我们相信这次研讨会有助于教师进一步熟悉多彩光谱方法及相关课程材料，同时帮助他们确定对儿童进行重点观察的领域。

会后，我们立即给每位老师发放了一套有关 8 个学习区的《学习区活动指南》(后简称《指南》)，《指南》详细描述我们设计或搜集的 8 个学习区的活动(语言区、数学区、自然科学区、机械－建构区、艺术区、社会理解区、音乐区和运动区)[①]。每份资料包括：对该领域的简单介绍、该领域的关键能力、学习区投放材料列单、活动进行的详细步骤。另外，还包括与课堂活动配套的"家庭活动"，从而让父母也参与到发现、培养孩子智能强项的过程中来。

《指南》提供的框架只是用来帮助教师规划学习区，而不是限制教师自己的想法和活力。我们希望我们的工作是一支催化剂，能帮助教师开发他们自己的活动。因此从一开始，我们就极力鼓励教师根据自己的情况和需要适当改变学习区的活动。

这 4 位教师从 9 月下旬开始满腔热情地规划学习区，虽然她们的目标一致，但各人采用的方法却不尽相同。例如，莱特太太的方法较为结构化，每次开放 2~4 个学习区，开放时间为一个小时，每周两次，这样持续了整整一学年。由于教室空间较大，她划分出特定的区域作为学习区，还另外留出集体活动的地方。她常常拿出学习区的材料问孩子这些材料的用途，还经常参考《指南》介绍学习区的目标及活动。介绍完毕，莱特太太一般会将儿童分为 3~4 组，让他们分别参加不同领域的活动或者同一领域的不同活动。例如，在运动区，不同小组可以分别玩跳绳、丢沙包、保龄球(bowling pins)、呼啦圈等活动。

戴维逊太太则不大习惯以小组的方式组织儿童开展学习区的活动。在头 3 个月，她几乎都以大组活动的形式来介绍某个学习区，随着儿童逐渐熟悉该区的诸多活动，逐步把大多数学习区活动安排在自由活动时间，并开放所

---

① 本套丛书中的第二本《多元智能理论与儿童的学习活动》，就是根据这些《指南》以及老师和学生的反馈编写而成的。

有领域的活动。这样，当戴维逊太太引入一个新的活动时，孩子们都已具有了先前经验。

　　其他两位教师采用的方法也都反映了她们各自的教学风格以及学生的特殊需要。例如，柏威尔太太始终在教室里保留着一个全天开放的学习区。她认为这样可使学生持续从事某个项目，而且在完成课堂任务后就可以进入学习区活动。麦卡锡太太则在每周留出固定的时间进行学习区活动，虽然通常都在下午，但她一般在早晨集体活动时间就给孩子们讲述活动、示范材料和孩子们共同制定规则，然后给孩子们分派活动或让他们自由选择自己所喜欢的活动，接着开始日常的课程。午休后，孩子们直接到教师指派的或自己选择的活动区域。

　　9月下旬到10月下旬，8个学习区都已介绍完毕。此阶段的目的有三个：让儿童逐渐熟悉并习惯如何在没有教师的直接监督下选择并进行活动；提供机会让儿童涉足所有的领域，特别是他们感兴趣的那些领域；激发教师思考如何将多彩光谱学习区方法有效地整合到教学实践中。

　　孩子们对学习区活动的反应出奇的积极。他们沉醉于学习区活动带来的乐趣中，每当有新的活动出现时，他们总是异常的高兴。走在教室里，总能不时地听到孩子们兴奋的感叹："耶！多彩光谱，真棒！""看，我在做多彩光谱的艺术活动！""你听到老师说的话了吗？她今天要开一个新的学习区！""好呀，多彩光谱！"莱特太太在第二个学习区开放后还收到这样一张学生写的纸条——"学校真好玩！特别是多彩光谱的活动！"

　　许多孩子都热切地期待着学习区活动时间的到来。一些教师注意到，每到学习区活动开放的那一天，孩子们的到校率都高于平常。莱特太太的班级里有个孩子，一天发烧到102华氏度，老师打电话请家长接她回家，但这个孩子不愿离开，她说："今天我们有学习区活动，我不想错过。"在研究临近结束时，我们都问了孩子这样一个问题："多彩光谱活动有什么特别的地方吗？"大多数孩子（在所问的119个学生中占71%）都给出了积极的回答，一个学生说多彩光谱活动"真好玩，你可以参加艺术、音乐、机械等各种各样的活动"，还有的学生说"好玩而且能学到东西""学习区很特别，因为你可以做一些有挑战性的事情，而不必拿着纸和笔坐在桌子前"。

孩子们的描述相当到位！因为传统的课堂往往要求学生在规定的时间里坐在课桌前用纸和笔完成某个单一的活动，而多彩光谱学习区则为不同学习风格的儿童提供了各种可操作的材料。孩子们在多彩光谱学习区的表现与传统课堂截然不同，他们全身心地沉浸在诸如画画、拆卸、创编不同的动作等活动中。

研究一开始，我们根据 5 份测试（两份阅读测试、一份数学测试、一份学业自尊测试、一份学校适应测试）以及教师从 4 个方面进行的评估（对幼儿园课程目标的适应困难、低自尊、不恰当的教室行为、态度问题），筛选出 15 个处境极为不利、面临学业失败的孩子。我们对这些孩子在日常课堂活动与多彩光谱学习区活动中的表现进行了对比观察，并做了差异性分析，结果显示：相对于日常课堂活动，这些处境不利的儿童在学习区活动中表现出更高的自尊（$F=3.42$，$p<0.01$）、更积极的行为（$F=3.13$，$p<0.05$）和更积极的情感（$F=3.52$，$p<0.01$），对活动的参与性也更高（$F=3.74$，$p<0.01$）(Chen，1993)。教师们经常反映：让这些孩子参与多彩光谱活动很容易，而让他们结束活动反倒很不容易。

大多数孩子都充满热情地投入到学习区的操作活动中，还不时地用活泼生动的语言交谈着彼此的进展。例如，我们听到一个孩子在多彩光谱的障碍活动中兴奋地说："我跳过去了！我跳过去了！沙包没有掉下来！"我们还听到从机械区一个建构活动那儿传来的声音："噢噢，这没有用！""要我帮你吗？""不，我要自己来！"还听到正在做小水滴科学实验的孩子在说："看，我做出了什么？像不像一条蛇？"虽然这些不时发出的吵闹声有时也让教师心烦，但孩子们确实很投入，因此相对于其他教学活动，孩子们在学习区的破坏性行为和纪律问题要少得多。

儿童在学习区活动时对学校的态度也很积极，这让教师非常高兴。然而也存在一些比较棘手的问题，如时间安排以及其他一些管理问题，还有多彩光谱活动的走向问题。教师们经常向我们提出诸如此类的问题："怎样才能同时指导这么多不同的活动又不至于手忙脚乱？""怎样在一天结束时巧妙地让孩子停止活动?""怎样才能更充分地发挥学习区在发现孩子兴趣和强项方面的作用?""如何将儿童在学习区所获得的经验和他的功课联系起来?"

对教师的策略和儿童的积极反应连续观察了几个月后,我们认为已经达成了第一个目标——引导儿童涉足并投入到广阔的学习领域。与此同时,教师提出的问题告诉我们进行下一步研究的时机已经成熟了。

二、　辨识并支持儿童的智能强项

我们认为,对学习区进行管理以及辨识儿童的智能强项是教师的两项主要任务,且两者是交织在一起的。虽然我们的第二个目标是辨识并支持儿童的智能强项,但如果没有对学习区的成功管理,这个目标也无法达到。教师首先要能得心应手地使学习区顺利运作,然后才可能帮助每一个儿童。另外教师与我们愉快相处,才能通力合作解决可能发生的问题。

教师和研究人员的合作并不容易,尤其是当研究人员来自于像哈佛大学这样的研究机构时,合作的难度更大。一些教师认为哈佛的研究者应该知道一切问题的答案。萨莫维尔的同事总是问我们:"你想要我们做什么?""我们怎样做是正确的?"这些问题反映出教师在实践多彩光谱学习区时最大的障碍是心理压力和不确定感。这时,我们也总是反问教师:"你想做什么?""你的教学经验如何促进这次研究?"

在与教师谈话时,我们力图让他们意识到:他们自己的尝试和试验对于研究非常关键。我们确实有我们的研究议程,但这一议程并非不可更改,而是更需要在实施过程中根据教师和学生的实际需求不断地调整。我们想让教师认识到:他们在学习区出色的实践和到目前为止已经取得的成绩给我们留下的深刻印象,是他们使多彩光谱在教室里"活"起来,只有通过教师和研究人员的合作,多彩光谱的目标才能实现。

组织和指导20多个学生在不同领域活动本身就是一项非常重要的任务,因此我们告诉老师不必过于担心研究日程。为了更好地支持教师的工作,我们集中精力抓学习区的管理,并调整了一些研究子项目,如定期组织教师与研究人员的会面。从研究之初,我们就安排了每周一次的与教师一对一的个别会面、每月一次的小组例会、集体讨论等。为了使这些会面更加有实际意义，我们拟订了几个每周必问的问题：本周您在哪些方面进展得较好，为什么？本周您在哪些方面感到较困难，为什么？有没有孩子对某个活动或某个学习区表现出特别的兴趣？为什么您这样认为？下周将开放哪些学习区和活动？您准备如何引导孩子进行这些活动？

这些问题使教师和研究人员的谈话更加具体，并在此基础上集中讨论下一周如何做得更好，会面因此显得更加具有建设性，承载的信息也更加丰富。

每月一次的例会上教师们互相交流信息，分享彼此成功的案例，共同商讨管理策略。例如，戴维逊太太讲了她在学习区活动中如何让孩子通过合作互相学习、帮助和鼓励，麦卡锡太太听后就在制定活动区规则时借用了戴维逊太太这一经验，同时继续允许孩子自由选择（如儿童可以一直待在某个学习区，只要这个区域的人数没有超过限定的人数）。

柏威尔太太介绍了她设计的一张儿童学习区活动情况记录表。表的横向按领域列出各项活动，左侧纵向列出儿童的名字。儿童完成某个活动时就在相应的地方做个标记。此表格可以有效地记录儿童的活动情况，孩子们还可以借此提醒教师自己希望参加但没有参加的活动。显然，每个老师都有一些非常有价值的想法，通过会谈，她们认识到自己所做的事情是有价值的，通过会谈，她们还可以与同行探讨一些对实践很有帮助的教育策略。

每个教师在学习区都会遇到一些问题或困难，我们通过集体讨论努力寻找解决的方法。如我们向一位老师建议：为了便于管理，每天只介绍一个新的学习区，而且不要同时开放太多的学习区；还有两个教师，我们建议她们邀请学校专家来帮着开展学习区活动；另外一个老师，我们建议她允许学生在学习区自主地选择活动，因为选择本身也能为识别儿童智能强项提供有价值的信息。

早先，我们在艾略特—皮尔逊幼儿园通过一连串的测试对每个孩子在所有学习区活动的表现进行个别评估。但在公立学校，我们需要一种耗时较少的方法辨识儿童的智能强项，因此我们决定主要通过日常的课堂观察来收集数据，并与教师一起制定了两条观察指导标准。第一，根据某一领域的关键能力来评估儿童在该领域的表现（如数学领域中的数学推理和解决逻辑问题，运动领域的身体控制和对节奏的敏感）。为了方便教师在观察儿童行为和表现时作参照，我们在每个学习区旁张贴了该领域的关键能力列单。第二，通过儿童在学习区活动时选择某一领域的频率以及他从事该领域的活动持续的时间，判断儿童对某一领域的特别的兴趣。

无论学习区什么时候开放，多彩光谱研究人员或参加该项目的研究生都要亲自去观察学习区的情况和儿童的行为。研究人员和研究生收集的数据通常更系统、更详细，而任课教师收集的观察资料往往较分散、缺乏系统性（因为他们还要同时监管班级）。为了弥补教师观察的不足，研究人员每周与他们会谈一次，一起反思一周以来所发生的事情，讨论儿童所展现的智能强项。

我们把注意力转向辨识儿童智能强项后不久，这4位老师就开始不断地向我们讲述一些令人兴奋的发现。戴维逊太太如是说：

"克里斯特尔（Crystal）在社会学习区的表现令我大吃一惊。坦白地说，我一直以为她是个安静而没有什么活力的人，因为平常很少听到她说什么，也很少看到她对班级的什么活动表露出兴趣。噢，不！她在社会学习区可完全不一样——你可能不相信，在做装扮游戏时，克里斯特尔又是做动作，又是讲话，又是唱歌！在做木偶时，还不停地指点同伴告诉他们该怎么做。如果教室里没有社会学习区的话，我可能永远也不会发现她这方面的能力！"

莱特太太也讲了一个类似的例子，是关于鲍伯的。她形容鲍伯在学年之初是个"好像什么都不懂"的人。但在她引入机械—建构区的那一天，鲍伯不仅知道建构区所有工具的名称，更让老师大为惊奇的是，他好几次举手要回答问题。莱特太太就请他在全班面前演示了如何使用这些工具。在机械区的操作活动中，鲍伯也表现出非凡的操作技能和能力。例如，他只花了5分钟就把一台油泵拆卸并重新装好，而这对于很多成年人来说也不是一件容易的事情。

鲍伯的社会能力在机械区也显得与以前有所不同。莱特太太早先说过，虽然他不是一个捣蛋的家伙，但他很少与同伴交往。他似乎只是被动地对周围的一切做出反应，他常常四处闲逛，显得无所事事。但当他看到两个女孩正在机械区费力地装配油泵时，主动过去帮助她们。当那两个女孩拒绝了他的帮助时，他很友好地建议："你们不要把这个折下来，要把它打开。"然后，就和她们一起拆装，还邀请其中一个女孩为他帮忙，他说："嘿，米歇尔，你抓住这儿，这样我就能把这个螺帽拧上了。"在机械区，他的同学常常向他求助，因为"他在这方面非常棒"。

克里斯特尔和鲍伯只是其中的两个例子。事实上，在萨莫维尔的 15 个处境困难的学生中，我们发现了 13 个儿童的智能强项（约为 87%）。这些孩子的智能强项分布在艺术、机械－建构、社会理解、数学、语言、科学、运动等许多领域。值得注意的是：这些孩子的智能强项更多地出现在非学业领域（其中 6 个儿童的智能强项是在艺术领域，3 个在机械－建构领域，3 个在运动领域，还有 2 个是在语言领域，最后还有 1 个是在数学领域）。

从教师所讲的诸如鲍伯、克里斯特尔或其他学生的事例中，我们可以获得两个重要的结论。第一，当儿童认识到自己能成功地完成某些事情，并能得到老师和同伴的肯定时，就会体验到一种成功感和价值感。在他擅长的领域，儿童不仅表现得非常能干且富有成效，而且乐于帮助那些在此领域不太擅长的人。当儿童的能力在班级中得到认可时，他们就会认为自己是能干的，自尊感也因而得以增强。我们收集了大量的证据支持这些观察结论。我们将儿童在其强项领域和不擅长领域的表现进行了对比，结果发现：儿童在我们使用的 6 种评测中获得的分数更高（MANOVA 测试：自尊指向 $F=3.98$，$p<0.01$；自信 $F=3.96$，$p<0.01$；积极的教室行为 $F=3.67$，$p<0.01$；自我管理 $F=3.19$，$p<0.01$；积极态度 $F=3.96$，$p<0.01$；活动参与程度 $F=4.26$，$p<0.010$）（chen，1993）。第二，儿童在多彩光谱学习区的表现表明：在传统学科学习方面存在困难的儿童未必在其他的领域也没有能力。如果可供儿童探索的领域较多，他们就会在更广阔的领域内展示自己的能力。因此，与辨识儿童智能强项同等重要的是为儿童提供支持。例如，为了培养儿童在机械－建构学习区的智能强项，教师可以全天开放此区域、

经常更新材料；还可以鼓励儿童进一步探索、开发新的项目；与其他人分享他们的经验；把他们的作品贴在学校走廊的墙上或者家长接待室。

另外，还可以通过邀请儿童担任其强项领域的"头"来培养其强项。例如，请该儿童带领其他同学去他所负责的学习区，让他负责提供资源、管理材料和清洁等工作，让他帮着培训下一任负责人。柏威尔太太觉得好多学生在机械—建构学习区都有较强的能力，甚至比她懂得更多，因此她常常让负责该学习区的儿童帮助她开展该学习区的活动。

教师还可以将儿童的智能强项告诉他们的父母，让家长为儿童强项领域的能力发展提供又一个环境支持。过去，教师很难对这些存在学业困难或行为问题的儿童写出积极的评语，但现在，通过观察儿童在学习区活动中的表现，教师可以运用具体的实例向这些孩子的家长说明他们孩子的能力所在。

培养儿童的智能强项并不意味着限制他们在其他领域的发展。相反，广泛的学习经验可以帮助儿童充分证明并发展自己的潜能、兴趣、能力和强项。会谈结束时，我们询问儿童通过一年的学习是否知道自己擅长做些什么。119个学生中有76个（65%）的答案是肯定的。一些孩子说："我从来不知道我能做好这么多事情。"有一个孩子还宣称："我现在知道了我能够成为一名优秀的艺术家，柏威尔太太也这么说。"

我们注意到，儿童在其兴趣或强项领域活动时好像变了一个人，尤其是那些学业有困难的儿童。他们显得非常快乐、投入、具有创造性；能自发、专注、注意力集中地参与活动；而且易于交往和合作，自信和自尊也明显增强。

三、 利用儿童的智能强项促进学业学习

辨识和支持儿童的智能强项并非我们的最终目的，我们想帮助儿童利用其智能强项带动日常的学业学习，因此，接下来的工作更具挑战性。拿鲍伯来说，老师有可能利用鲍伯在机械领域的智能强项带动他的学业学习吗？鲍伯的视觉感知能力和小动作协调能力发展得似乎不是很好。在 Clymer-Barrett 测试中（一种入学预备测试），他完成图形的分数在全班最低，20 个

图形中，他只完成 4 个最简单的。他还分不清 6 和 9。虽然他在纸笔式测试中存在视觉－空间问题，但当任务变成可操作的活动并与真实世界联系起来（如建构或装卸）后，这些问题就不存在了。鲍伯在机械区的能力不仅显示了他的精细动作技能和视觉空间能力，还显示了其有效解决问题的技巧。现在我们需要思考的问题是如何将鲍伯在非传统领域的能力迁移到学业学习中，即如何将儿童的智能强项（比如鲍伯对工具的操作能力）引入其他学习领域，尤其是那些对学业成功起关键作用的领域。

　　这个问题是所有教师普遍关心的。一方面，他们承认多彩光谱学习区对教室氛围以及儿童对学校的态度产生了整体的影响，他们反复说多彩光谱活动给孩子带来了很多乐趣，使他们的学习变得快乐起来。而另一方面，他们也感觉到日常学校课程的要求和多彩光谱计划之间的冲突。老师们反映，准备多彩光谱学习区要花大量时间。他们不知道假如学生在传统学业领域遇到困难，是否应该集中精力解决这些问题。

　　这样，我们碰到了最重要的问题——如何最有效地帮助这些困境中的孩子掌握基本技能、改善学业表现？传统的干预方案关注儿童在阅读和数学方面的薄弱之处，过分强调水平较低的基本技能，如算术运算、阅读理解等。典型的教学方法就是训练和练习，包括通过布置作业来训练那些脱离情境且对于儿童缺乏实际意义的技能。虽然我们看到一些孩子可能会从中获益，但同时我们也看到，更多的儿童对此厌烦，为此沮丧，缺乏学习的动力。对于后者，他们需要的也许是一种不同的方法，一种将基本技能隐藏在有意义的活动、建立在他们自己兴趣和智能强项基础之上的方法。

　　我们将这个观念称为"建立桥梁"，并将之确定为研究的第三个目标。所谓"建立桥梁"，即利用儿童智能强项领域的经验带动其他领域的学习和学业表现。实际上，我们对"建立桥梁"的过程也几乎没有什么经验。我们需要寻找这些技巧（mechanics），如教师如何通过学习区活动将儿童的智能强项和学业学习联系起来？如何建立通向某一课程学习的桥梁？在建立桥梁的过程中，学习如何发生？除了智能强项以外，还有什么其他因素影响建立桥梁的过程？研究人员和教师通过好几次会谈集中讨论了这些问题，并制定了"建立桥梁"的策略。

通过讨论，我们认为桥梁过程也许分为全班和个体两个层面。在全班层面建立桥梁，教师可以通过同伴互动、集体活动和集中解决某个问题的方法将学生的智能强项与其他领域联系起来，在总的干预后辅以个别帮助。在个体层面建立桥梁，可以首先通过学习区的观察辨识出儿童的强项和弱项，然后根据儿童的智能强项、学习风格、个性以及其他社会特性来为他量体裁衣地设计教育"疗方"或活动。显然，任何干预计划都需要不断调整才能促进儿童的发展，满足儿童的需求。

这一框架的确立使我们明确了努力方向。在全班层面，我们开发了几种建立桥梁的策略。我们要求教师将学习区的理念、材料和活动与学校的数学、语言、艺术等课程整合起来。教师发现有很多学习区活动可以帮助儿童获得阅读和计算的技能。例如，一些教师让学生通过班级信箱给亲戚朋友写信，由于写信具有实际意义，因此，与传统布置作业的方法相比，通过这种方式学生可以写得更多、更好。事实上，只要教师有一点点创新，他们几乎可以利用学习区的任何一个活动来加强学生的阅读和数学技能。例如，在建构—机械区，孩子们可以给工具写上名字或贴上标签，然后用锤子和钉子将标签钉进木块；在科学学习区，可以对沉浮的物体进行分类，学习画图、计算等数学技能；在社会学习区，可以通过木偶剧表演进行阅读，或对全班同学讲故事。

戴维逊太太还想出了一个面向集体的建立桥梁策略，我们称之为"项目方法"。她把多彩光谱的理念和活动应用于日常教学中，以主题或项目的形式组织和开展正规课程。如在策划一个"太空"的主题时，她发现可以利用多元智能的理论框架进行组织。于是，在多彩光谱研究人员的协助下，戴维逊太太对学习区活动的目的进行了重新定位，从原来的让儿童涉足广泛领域转为促进教育。例如，她请儿童就天文方面的问题采访同学，然后将各种回答进行分类并用图表表示。这个作业是根据多彩光谱社会区"教室模型"的活动改编而成的。她还借用了语言区的"故事板"活动，提供与太空相关的各种材料和道具，让儿童讲述、画画、背诵或写故事。当儿童运用不同的智能时，学习会变得富有意义、富于联系且充满乐趣；儿童对科学概念的理解也更深入、更开阔了；而且，运用不同智能组织同一主题本身就是一种学习途径，而不仅仅是目标本身。

我们还发现，在建立桥梁的过程中认知指导（cognitive apprenticeship）非常重要。通过观察儿童在学习区的行为和表现，我们发现具有吸引力的材料可以吸引儿童参加活动，但并不能自发地促进儿童技能的发展。多彩光谱活动绝不是游戏，它蕴含着许多认知成分和基本技能，如果没有老师的帮助和引导，儿童往往不易掌握。

老师需要扮演教练和促进者的角色帮助提升儿童的学习和思考。我们鼓励教师能设置一些问题情境，提出一些能激发儿童思考的问题，促使儿童提出不同的假设，并运用各种方法进行验证。我们坚信即使批判性思维能力与基本技能的掌握并不直接相关，但对儿童的学习具有一定的价值。

在个体层面，我们也想了各种不同的、有效地建立桥梁的方法。帮助儿童建立自信就是其中的一种。具体地说，当儿童找到他所擅长的领域时，他将乐于探索，并逐步建立良好的自我感觉，成功的体验会让他有信心挑战一个难度更大的领域。与儿童智能强项相对应的学习风格也会帮助儿童接受另一个领域的挑战。例如，对于一个听觉学习者来说，给数字配上音乐将有助于他进行数字游戏。另外，也可以直接利用儿童的智能强项让他进行其他领域的活动。例如，可以让一个对机械有兴趣和能力的儿童读写有关机械的材料，以此进行语言学习。最后，我们猜想儿童智能强项构成要素的特点也可能会影响他在有关领域的表现。例如，一个对音乐节奏敏感的儿童可能会对语言或运动领域中的节奏成分同样地敏感。

以上从理论的角度分析了建立桥梁的不同方法，然而，实践中儿童的学习是一个复杂的过程，包含着许多因素的互动和结合。因此，我们建立了一个诊断式/说明性的模型帮助老师建立桥梁。在这个模型中，教师要首先根据学习区领域列出儿童的智能强项和弱项，然后思考这样一个问题："我想让孩子学会做哪些他现在不能做的事?"再从儿童的某一弱项领域集中突破，写下希望在此领域达到的目标。我们还需要和儿童本人讨论这个目标，让他们也进入建立桥梁的过程。接下来，教师们可以通过集体讨论设计一些活动将儿童的智能强项和预期的目标联系起来。

研究人员与教师会谈之后，开始选择那些看起来最需要帮助的儿童，然后根据诊断式/说明性的模型集体讨论各种能起到桥梁作用的活动。例如，克里斯特尔在社会学习区表现出了智能强项，老师想看看能否运用她的智能强项提高她的加减法的数学运算技能，于是就和多彩光谱研究人员一起设计了一些能起到桥梁作用的活动。克里斯特尔就其中某个活动提了一些问题，并对儿童进行了一次调查，记录他们的回答，比较不同人群（如男孩和女孩、不同眼睛颜色、不同的生日）回答的差异。

我们还探索了许多将鲍伯在机械领域的强项与读写课程结合起来的方法。例如，请鲍伯帮忙给机械区的工具贴标签，列出工具清单，负责工具的借用；把鲍伯培养成为机械学习区的小负责人；鼓励他帮助其他儿童解决机械和建构方面碰到的问题；请他画出或写出他使用工具的经验，并在学习区的反思时间与同伴分享；让他参与真实的机械活动，如修理教室里的画架；与材料室教师（resource room teacher）交流有关鲍伯的智能强项、需要和学习风格的信息；将鲍伯在机械领域的强项汇报给他的父母，并请他们帮助他将其智能强项应用到学业学习中。

随着时间的推移，教师们在建立桥梁方面花费的精力和努力终于收到了应有的效果。总的来说，那个春天多彩光谱学习区的实践是有效的，而且取得了喜人的成就。孩子们探索了很多材料，创作了很多作品，包括黏土雕塑、手指偶、水彩画、故事板等，这些作品充分展现了儿童丰富的想象力、表现力以及高水平的对细节刻画的能力。他们还围绕一个有关水污染的项目在不同领域开展了许多活动。

在帮助个体儿童方面，几位老师的创举给我们留下了深刻的印象。汤姆是一位在语言和艺术领域存在学习困难的儿童。但他的老师——麦卡锡太太却发现，在机械—建构区，不论是技能还是管理方面，汤姆都显示出强项。为了将语言技能的学习和汤姆对机械任务的兴趣联系起来，麦卡锡太太建议汤姆为机械学习区编写一本"工具图典"，或者工具手册。

最初，汤姆只是画了一些工具，并向麦卡锡太太简单地描述了一下。后来，他给每个工具贴了标签。渐渐地，他口述的内容越来越多，越来越详细，语言也越来越流畅。他说："钳子是用来割线的。起子是用来把螺丝旋进木头里的。"随着他对自己描述能力自信心的建立，汤姆开始从画画、口述转向了书写，一开始他还需要老师的一些帮助，到后来则可以独立地完成了。汤姆的成长似乎证实了维果斯基"最近发展区"的概念，维果茨基的"最近发展区强调成人的帮助在儿童发展过程中的重要作用，相比于让儿童独立地发展，成人的帮助能促进儿童向更高的水平发展"（Vygotsky，1934，1986）。汤姆每天都向麦卡锡太太读他写的东西，麦卡锡太太说："虽然他只是凭着记忆背出来的，但他确实从中享受着成功的体验。"

麦卡锡太太说，编写"工具图典"不论对汤姆还是她自己，都是一个重大的突破。对于汤姆来说，"写"已经成了学习区活动之外第一个自觉主动完成的任务。麦卡锡太太也开始感觉到，无论是对学生的理解还是对课程的设想，她在学习区付出的努力，正在得到"回报"。

所以她开始决定为布莱德（Brad）——一个在社会领域有着智能强项但在读写方面同样存在困难的孩子，开发能够发挥桥梁作用的活动。麦卡锡太太让他每天选一名儿童，口述或用画来描述这个孩子的一个优点。因为布莱德与人合作时能很好地集中注意力，所以麦卡锡太太常常让一位提前完成自己活动的儿童做他的记录员。麦卡锡太太还让布莱德利用他对班级敏锐的观察通过"教室模型"来编故事。由一名学生担任小老师的角色帮助录音和记录，然后由布莱德向老师和同学们解释并读给大家听。

麦卡锡太太的成功说明，建立桥梁不仅可以帮助儿童发展，也是教师成长的一个有效途径。记得年初时，几乎所有老师都对学习区持怀疑态度；而现在他们都深刻地感受到了这种方法在促进儿童学习和发展方面的作用，并进一步思考学习区是否也有可能成为一种标准课程。在年初，教师主要担心学生会因能力不够而难以从事正规学习；而现在，她们致力于发现儿童的智能强项，并据此调整自己的教学计划。正如戴维逊太太所言："这一年我的学生和我本人都获得了巨大的成长。我学到了很多，也改变了很多。现在，我能在一个更广阔的领域内思考课程。在计划课程时我会考虑到儿童的智能强项，并思考如何培育他们的强项。'多彩光谱'影响了我的教学观和儿童观。"

四、　年度反思

时光飞逝。1991 年 7 月上旬的一个下午，多彩光谱合作小组的教师和研究人员怀着不同的心情再度相聚，因为这一次，我们就要相互道别了。我们感到一丝的遗憾——因为一年的时间，要对学生学业成绩产生持续而深远的影响还显得太短暂。例如，我们还未能看到多彩光谱的 4 个实验班测试卷上的分数有明显的提高，原因之一就在于干预的时间太短。许多文献指出，要想观察到态度和行为变化（我们通过干预而获得的）对基本技能产生的影响（Comer，1988；Hanushek，1996），至少需要一年以上的时间。但同时我们也深感欣慰，因为通过这段时间的合作，双方都感到获益匪浅。

现在，我们终于能回答年初提出的一些问题了！通过多彩光谱的实践和在学习区的观察，以及对学生的评估和访谈，我们可以得出这样的结论：在萨莫维尔地区，多彩光谱能够有效地识别并增强参加该项目的一年级学生的智能强项。

在萨莫维尔，多彩光谱的学习区成功地将儿童引入不同的学习领域，并使他们通过各种不同的途径展示自己的能力。学习区有趣的活动还激发起了儿童对学校生活的兴趣。我们是以一种系统的方式来开展 8 个学习区的活动，事实上还可以通过许多不同的途径将多彩光谱的方法应用到教室中。例如，教师可以把语言及数学学习区的活动与正规课程整合起来；在设计一个方案时考虑到各个领域的学习区活动；运用学习区活动来辅助其他教学实践，如全语言教育（whole language）、合作学习、单独辅导等；还可以创造许多自己的方法。

我们的实践还表明：多彩光谱方法可以解救那些面临学业困难的儿童。虽然许多处境困难甚至面临学业失败的儿童可能在阅读和计算方面很薄弱，但是在萨莫维尔的工作使我们有理由相信——这些孩子是聪明的、有能力的，他们有许多被传统教育方案忽视的认知能力。本章和前几章描述的这些案例都证明：如果这些孩子有机会从事自己强项领域的活动，他们就能够获得新的技能，并在某些方面表现出前所未见的、超越其他人的非凡能力。关注并培育这些处境困难儿童的智能强项，将为这些被认为没有能力的、具有典型特征的人群描绘出一个光明的前景。

实际上，多彩光谱一直在追求这样一个目标，即通过提供实地支持、加强教师对这些在一年级就面临困境的儿童的理解，来减少遭受特殊对待（如被拉出教室进行补课）的儿童。但我们的案例中没有出现这种方法。可能是因为多彩光谱方法不适用于那些存在严重情绪问题、身体患有疾病或有学习问题的儿童。对这种方法的局限性的认识与对其可取之处的认识一样重要。

教师—研究人员合作小组最后进行了总结：要想使多彩光谱方法真的能用来改善学业表现，至关重要的就是"建立桥梁"。我们的经验表明：成功地建立桥梁可以节省很多时间，但计划和实施仍需要付出巨大的努力和智慧，而且要求师生间进行一对一的互动。总而言之，虽然一年的研究无法显示出建立桥梁对于提高学业成绩的显著影响，但我们确实看到教室行为正在朝着积极的方向变化，而且有证据显示"建立桥梁"对儿童个体所产生的深刻影响。

此外，我们也相信，"建立桥梁"过程作为一种教学策略值得进行更进一步的探究，因为它关注那些儿童擅长的、能胜任的领域。我们在萨莫维尔的工作表明：如果儿童能够在自己胜任的领域内活动，他们在学校环境中至少不会感到完全无能为力（实际常常确实如此）；从更积极的角度来说，儿童的强项领域可以帮助他们发展学业技能，有助于增强自我表现信心。

萨莫维尔的工作结束两年后，我们再次约见了这4位教师，再次走进她们的教室进行观察，并就多彩光谱方法实施的效果与他们进行了交谈。结果发现，多彩光谱方法确实持久地改变了她们对儿童及学习的看法。

一位老师说："多彩光谱着眼于儿童智能强项的思想非常吸引人。现在我不断地思考学生的智能强项，思考他或她擅长什么，而不是他们的问题是什么。"

另外一位老师说："我从多彩光谱项目中得到的一个启发——你不必教给孩子每件事情，而应该让他们有机会接触更多的东西。"

还有一位告诉我们：通过多彩光谱，她开始把学习看作一种多方面的体验，一种涉及多种不同领域的（如音乐和社会理解）、可以通过不同途径达到目的（如运动、操作活动）的过程。还有一位老师一直在采用多彩光谱学习区的方法，她坚持每周两次开放学习区，每次开放一个小时。

实际上，在萨莫维尔的方案中，多彩光谱产生的深远影响还包括对教师的影响，多彩光谱帮助他们认识到：所有的学生都是有着学习和发展潜能和天赋的个体。

- -

参考文献

Brodinsky, B. & Keough, K. E. (1989). *Students at risk: Problems and solutions.* (Report No. ISBN－0－87652－123－5) Arlington, VA: American Association of School Administrators. (ERIC Document Reproduction Service No. ED 306 642)

Chen, J. Q. (1993, April). *Building on children's strengths: Examination of a Project Spectrum intervention program for students at risk for school failure.* Paper presented at biennial meeting of the Society of Research in Child Development, New Orleans, LA. (ERIC Document Reproduction Service No. ED 357 847)

Chen, J. Q. (Ed.). (1998). *Project spectrum: Early learning activities.* Project Zero Frameworks for Early Childhood Education, Vol. 2. New York: Teachers College Press.

Comer, J. P. (1998). Educating poor minority children. *Scientific American*, 259(5), pp. 42-48.

Hanushek, E. (Ed.). (1996). *Improving the performance of America's schools.* Washington, DC: National Academy Press.

Ingels, S. J., Abraham, S. Y., Karr, R., Spencer, B. D. & Frankel, M. R. (1992). *National education longitudinal study of 1988, first follow-up: Student component data file user's manual* (NCES Publication No. 92－030). Whashington，DC：U. S. Department of Education.

Schorr，L. B. &. Schorr，D. (1988). *Within our reach：Breaking the cycle of the disadvantaged*. New York：Anchor Books/Doubleday.

Vygotsky，L. S. (1986). *Thought and language* (A. Kozulin，Trans.). Cambridge，MA：MIT Press. (Original work published 1934)

Willis，H. D. (1989). *Students at risk：A review of conditions，circumstances，indicators，and educational implications*. Elmhurst，IL：North Central Regional Educational Laboratory.

第四章　建立联系：学校—博物馆的合作

　　请设想这样一个教育情境：孩子们正在不同的学习区从事着符合自己智能特点的各种活动，而所有活动都与现实生活中的真实环境——杂货店、建筑工地、诊疗所等密切联系，各种工具、材料和问题都来源于真实的生活。在这种真实的情境中，孩子们通过挑选物品、使用秤、操作收银机来学习分类、计数和重量等概念；通过亲手操作简单的机械物体和工具来发展解决机械问题的能力和精细动作技能；通过操作听诊器、拐杖和检查台等，他们更加了解自己的身体，对健康的担忧也随之消除了。

　　在这样的教育环境中，教师是一个引导者，她们的任务是帮助孩子们用适当的符号和"语言"来表述问题或回答问题。这些符号多种多样，可以是数学的，可以是音乐的，也可以是医学的……家长也参与到孩子们的学习过程中。学生们常常出于任务的需要而进行合作。这样的地方是不是理想的多彩光谱教室呢？从某种意义上说，是的。因为这样的环境隐含着多彩光谱试图要达到的目的：运用各种智能的经验以培养儿童独特的认知结构；为幼儿提供可直接操作的活动；建立在真实情境中适合各种活动风格的最终职业角色。在这儿，孩子们可以做他们最喜欢做的事情。不过这儿并非多彩光谱教室，而是儿童博物馆。

一、　学校与儿童博物馆：互补的职能

　　一种新现象正悄然兴起——就像发现区和许多科学博物馆一样，儿童博物馆的一些展览和活动开始设法吸引儿童参加。展览会的承办人总是设法使展览所涉及的内容、技能、活动和目标能够吸引和激发儿童的兴趣。考虑到儿童的爱好、兴趣和能力各不相同，博物馆有意将各种智能以多种方式结合

起来(有关儿童博物馆的进一步探讨，请详见 Gardner，1991，1993；Davis & Gardner，1993；Falk & Dierking，1992)。

同时，儿童博物馆有着极大教育热情，各种技能、知识和见识的展示在这里都会受到热情的欢迎。从大的方面来说，博物馆独特的环境布置强有力地吸引着儿童参加各种探险活动，而这正是"通向学习、超越未知的界限或诱惑的最值得的探险经历"(Davis & Gardner，1993，P37)。探索一个陌生地区，如山洞或墨西哥山村，或者在熟悉的地方(如杂货店)尝试扮演一种新的角色，这些都可以作为儿童的探险活动。

虽然博物馆在积极地开展各种教育活动，但公众并没有把它当作一个学习机构，更多地只把它看作一个娱乐场所，犹如每年出去踏青或家庭远足的一个地点。虽然人们并不否认儿童在博物馆确实能够学到很多东西，但博物馆之行的主要目的在于玩耍和娱乐，因此，参观博物馆往往变成了一个匆忙的"过场"。对博物馆匆匆的没有停歇的浮于表面的扫视，往往挤兑了我们主张的发生有意义学习的可持续的活动。人们往往把儿童博物馆当作室内游乐园，其教育功能因此而难以发挥。

(一)不同的学习场所

参观儿童博物馆的人通常都不知道他们正在错过什么，因为他们认为只有学校才是真正学习的地方。我们的学校是一个被委以教育儿童之重任的正规系统。经过历史上的课程变化，一系列的理论和实践已经将学校造就成一个传播我们成人社会所重视的知识和技能的机构。学校教育是正规的，因此人们也用严肃的眼光看待学校教育。社区也只是通过诸如家长教师联合会以及学校管理小组等组织形式参与到学校教育中。学校可以多多少少获益于其铰链式的教育目标以及包罗万象的教育任务，更重要的责任是让其学生通过正规的评估系统。

因为这种责任和义务，学校会给学生创造一个熟悉的环境和组织，周围都是熟悉的人，包括教师——同一名教师在同一班级一般至少要待一学年，而这种系统一般也有利于教师从整体上进行计划、教学和评估。学习目标也可以分设在一段较长时间内分步到达。学生逐渐意识到：掌握知识是学校教育明确的目标，也是学校老师非常看重的。

另外，有组织的、正规的学校教育系统却受制于陈腐的形式主义和教育实践。随着学生人数的增长，对效率的追求导致了教育和评估脱离情境，只关注 3R 教学法本身，而忽视它们在真实情境中的使用和运用。因此学生获得的技能和能力（智力）也仅仅局限于阅读、书写和计算，这些技能只能通过有限的途径（如演讲和训练）得以展现。尽管所有儿童都会得到公立学校的接纳，但极少有学校能够用所有儿童都能理解的某种或多种方式呈现材料。

儿童对这两种机构的感觉也是不一样的。学校通常有很强的限制性（尽管学前要比小学灵活得多），而博物馆几乎是完全自由的，较为松散，如果结构太多反而会限制儿童去体验，但在儿童没有先前体验就投入一项新任务的情况下，结构太少又会降低任务的目标水平。因此无论哪一种情况都会招致儿童教育的失败。

因此学校和儿童博物馆有各自不同的教育任务。博物馆提供了大量的展览和资源；学校则在一个熟悉的环境里提供了可以预知其结果的结构、课程及日常规范。两种机构在促进教育任务的达成上各具优势，也各有制约目标实现的障碍。两者呈现出有趣的消长趋势，即当其中一个方面较弱时，另一个方面则会较强。为了各自的利益和所有参与这些机构的儿童的教育，也许可以把两者结合起来共同增强双方的力量，改进双方的不足。但是如何才能实现呢？

（二）多彩光谱桥梁

多彩光谱方法为两个机构提供了天然的桥梁。像博物馆一样，多彩光谱方法努力使儿童的视野超越学校的围墙而拓展得更加开阔。教室活动向儿童介绍了成人的角色和职业，并演示了正在学习的技能将如何运用于以后的生活中。评估在真实的任务情境中进行。儿童操作着有趣的材料，这些材料可以激发儿童所有领域的智能，并鼓励每个儿童独特的能力和兴趣。在班级经费许可的情况下，儿童对材料拥有一定程度的选择权。

但与更为传统的学校方案相同，多彩光谱也要依靠长期的教学不间断地教给学生一些成功学习所需的重复性经验。整个一学年，学习和评估都要有序地进行。学生有机会在一系列领域里进行探索并加深他们的理解；教师有时间密切地观察学生，进一步了解学生的兴趣、天赋以及理解程度。

对多彩光谱小组[①]来说，学校与儿童博物馆的联姻将促使我们探索如何更好地综合利用各个机构提供的不同资源。怎样将博物馆规模巨大的专业化展览等物质资源与学校的教育资源相结合，在学生和专业教师之间建立起动态联系？怎样运用博物馆的多种"切入点"集中改进课程？我们希望两个机构能携手努力共同解答诸如此类的问题，利用多彩光谱方法提供的理论基础和理论框架为儿童设计从一种学习环境通向另一种学习环境的道路。

我们的研究渴望能挖掘多彩光谱的教育含义，特别是在校外学习环境的创设方面的教育含义，于是我们开始着手多彩光谱的儿童博物馆项目。

二、 儿童博物馆项目

因为是第一次校外访问，所以我们主要联系了已经建立起合作关系的博物馆和学校。我们找到一所示范学前学校和一个负有儿童教育义务的社区机构。在波士顿儿童博物馆和萨莫维尔 SMILE 方案中我们发现了我们正在寻找的东西。

SMILE(Sequentially Monitored Individual Learning Environments 连续监控的个人学习环境)是 Chapter I 资助一所公立小学的学前班进行的革新方案。该学校坐落在一个安静的居民区，多年来，SMILE 为幼儿提供了高质量的发展性教育。谢丽尔·希布鲁克—威尔逊(Cheryl Seabrook-Wilson)认为多彩光谱项目可能会帮助她解决自己对"许多儿童教育机会缺失"现象的担忧。

为了找到一个高质量的儿童博物馆，我们需要亲自考察而不能依靠别

---

① 对本方案进行研究的多彩光谱小组人员包括主要研究学者加德纳和费尔德曼，一些副手包括玛拉·克瑞克维斯基、瓦莱丽·雷莫斯—福特(Valerie Ramos-Ford)、朱莉·维恩斯和罗谢尔·米特拉克(Rochelle Mitlak)。

人。该儿童博物馆坐落在波士顿港口的一条老巷子里，是世界上最古老最优秀的儿童博物馆之一。它拥有办机构的经验以及必要的资金，能为不同年龄的、具有不同学习风格和兴趣的儿童提供一系列令人惊叹的经验。各种各样的展览不仅规模宏大，而且都是互动性的。在与管理部门联系的时候，我们获悉博物馆一直在通过师资培训、多元文化教育方案以及其他努力积极寻找并创建与社区的联系。博物馆早期儿童方案主任——我们原来的合作者杰瑞·鲁滨孙(Jeri Robinson)，坚定地为社区和波士顿地区的学校服务，她把合作视为一个促进社区儿童服务的专业目标及实现个人目标的机会。

在与我们新的合作伙伴(博物馆与幼儿园)会面的第一次会议上，我们明确了双方的目标可能对项目产生的影响。对希布鲁克—威尔逊来说，一个很重要的目标就是为培养儿童的各种智能提供一系列丰富的活动和材料。尽管这是多彩光谱方法的一条基本原则，但许多学校都像 SMILE 一样只能为员工的发展、专业发展以及必需的投入提供有限的资金。希布鲁克—威尔逊很早就意识到这个项目能使她利用博物馆的资源，只是一直没有实践的机会。

希布鲁克—威尔逊解释说，合作也可以帮助她填补课程的空白。像许多幼儿园的优秀教师一样，她也使用了涉及不同领域活动的主题课程。她相信多彩光谱方法和多元智能理论能帮助她识别并支撑那些在她的主题单元中没有呈现出来的领域，尤其是音乐和运动领域。她也希望合作能为她提供一个班级日常工作的帮手，并促进家长的参与。

对博物馆的合作伙伴来说，合作使他们不断努力以提高幼儿园参观博物馆中的教育成分。儿童博物馆一直在寻找各种途径帮助来访者，尤其是帮助家长认识博物馆展览的教育意义，并促使他们在参观过程中参与儿童的学习。参观儿童博物馆有时就像走进一个巨大的教育商场，孩子和父母一起自由地"购物"，从一个展览到另一个展览寻找他们喜欢的项目。因为参观博物馆通常都是一次性的，所以他们的脚步都很快。尽管许多展区有吹气球、滑滑梯以及其他参与性活动，但孩子在每个展览区停留的时间通常不超过一分钟。罗妮森(Ronison)和她的同事希望能找到一个办法，鼓励人们以不同的方式参观博物馆并更深入地参与到展览中来。

我们自己正在兴致勃勃地设计一些不仅可以为两个机构所用，而且可以为全国各地使用的教学媒介(instructional vehicles)。我们相信，能把学校和博物馆联系起来发挥最佳教育效果的教学媒介一定是能引起"共鸣学习经验"的创造物，我们将努力验证这一观念。

(一)共鸣学习经验

"共鸣"是指儿童在不同的时间碰到相同或熟悉的材料以及活动时产生的理想的共振效应。在这种情况下，每一次重新经历都会激发并扩展前一次的经验。我们希望通过共鸣学习机会的创设，定期在学校熟悉的环境和儿童博物馆新颖的环境中呈现一些基本的主题和概念，同时帮助儿童更加充分地内化和理解这些概念。其次，在学校之外的环境中再次碰到学科问题，可以帮助儿童意识到主题不仅仅对教师而言是重要的，而且对整个社区也是非常重要的。

我们希望把儿童的家庭也变成另一个产生共鸣学习的场所。我们认为，让家庭成员参与儿童教育的方式之一，就是帮助他们理解为什么参观博物馆(包括家庭组织的和学校组织的)可以用来丰富儿童的学习。我们还为儿童设计了一套可以在家里跟父母一起玩的多彩光谱活动。通过参与这些活动，父母和其他家庭成员会明白，不论是现在进行的主题，还是平常学校里进行的主题，都值得他们参与和关注。这样家庭就成了儿童共鸣学习的第三场所。

我们认为主题单元是一个有用的媒介，可以通过共鸣学习来传播多彩光谱和多元智能方法，因为它能使教育者通过多种活动在一段时间里挖掘一个概念，在这些活动中，儿童充分表现自己的多元智能和学习风格。尽管我们想运用这些单元来探索通常被忽略的领域或智能，如身体运动智能、人际关系理解能力等，但我们也想在一些已经熟悉的领域中开展不同类型的活动，比如在阅读和倾听等典型的语言艺术活动中加入生动的故事讲述。

在与博物馆和学校同事的合作中，我们形成了两个主题单元："白天与夜晚"和"关于我的一切"。之所以选择这两个主题是因为我们认为对幼儿园阶段的儿童而言，这两个主题理想地融合了熟悉性和新颖性。这些主题是生成性的，也就是说主题不仅反映了具体学科（科学和社会理解）中对儿童非常重要的概念，也引发了其他许多领域的问题和调查。更重要的是我们不必从零开始，希布鲁克—威尔逊以前教过类似的主题单元，我们可以以此为起点，而且儿童博物馆也举办过相关主题的展览。

通过鼓励教师和学生在参观博物馆时只关注一个主题，我们希望为那些光顾博物馆的人们提供一个不太喧闹而更富有意义的尝试机会。我们相信一旦家长、教师以及儿童发现深入地学习可以在博物馆进行，他们就会深思熟虑地选择一个对自己有意义的展区，而不是走马观花，匆匆而过。

（二）学校的工具箱（Kits for the school）

因为我们期望能把活动从一个展区搬到另一个展区，或者从一所学校转到另一所学校，或者是从学校或博物馆转至家庭中，因此我们选定了一个完备的可搬动的工具箱。为了便于运送、保管和分发，我们把一个单元所需的材料和记录打包放在一个干净有盖的塑料箱里。每个工具箱都有一份书面材料，包括工具的简介、教室活动、家长和儿童一起在家里进行的活动、儿童流行读物的类别，以及博物馆相关展览的一览表。

"白天与夜晚"的工具箱活动是为学校、家庭和博物馆而开发设计的，旨在激发儿童所有的智能，其活动包括以受孩子欢迎的故事为基础、以故事板为形式的语言活动，如"野兽国"（Sendak，1963）和"艾拉做客"（Ira sleeps over）（Waber，1972）。也包括一些科学活动，比如，用棱镜和闪光灯做实验、探索影子、观察研究等（如白天和黑夜我们分别能在天空看到什么?）。一些活动儿童可以一连几天或几周在教室里独立进行，如故事板；但一些运动性活动则需要由成人定期组织。对活动的有序组织及其清晰的书面说明可以使助理教师无须教师大量指导就可以独立开展运动、音乐以及艺术等活动。

参与博物馆合作的儿童大约有 45 名，他们在上午或下午参加 SMILE 教室里的活动。孩子们几乎无一例外地都喜欢参加单元活动。实践证明故事板是一项特别受欢迎的活动。比如，4 岁的利萨（Lisa），她喜欢有一个成人挨着她，当她用工具箱中诱人的人物塑像和道具重述故事时，成人能在"恰当"的时候为她翻书。凯西(Kathy)则喜欢把一个以上的材料进行组合，通过自己的操作编出一个内容丰富而详细的故事。

儿童还喜欢我们多彩光谱的一个同事设计的叫作"从白天到黑夜"的棋板游戏。这个游戏描述了儿童生活的一天，从早晨起床开始到晚上睡觉结束。儿童通过投掷数字骰子绕着棋板向前移动棋子。这个游戏很快引起了孩子们所熟悉的关于日常生活惯例和活动的热烈争论，同时也为孩子走进复杂的数字领域提供了一个切入点。

(三)博物馆开展的活动

SMILE 的教师在教室实验工具箱的时候，博物馆工作人员正在博物馆里专设的游戏区尝试一个星期开展三次活动。游戏区是幼儿园在博物馆里的一个专用区，是一个封闭的室内操场，主要用来进行大肌肉运动，设有一些攀爬的大型器械和游戏玩具。但我们很快发现，大型设备在使用时会不可避免地引起喧闹，这会使多彩光谱的活动黯然失色，因为多彩光谱的活动通常要求儿童坐下来运用他们的精细动作技能；而 SMILE 的儿童已经非常熟悉工具箱活动，因此他们对博物馆的活动缺乏兴趣。另外，为便于教师、助理以及家长操作和收藏而专门设计的工具箱在博物馆并不能起到同样的效果，因为在博物馆进行活动时不需要对材料进行收藏和大规模的转移。

实践证明我们计划中的另一个要素更为成功。我们总结了整个博物馆里所有跟"白天与夜晚"这一个主题相关的展览，尤其是不同的亮与暗。这些展览包括"流动的光"——许多聚酯薄膜条带垂挂在天花板的灯下，仿佛正在向下滴落，向下倾泻；"回忆"(recollections)——孩子的影子投射在大屏幕上，然后被"冻结"(frozen)成各种颜色；还有"影子游戏"——当自己的影子越过光电管的光束时孩子们要发出一系列声音。参观博物馆的时候还请教师和家长协助孩子参观这些展区或其他相关展览区。

为了增进共鸣，即为了让儿童更好地利用游戏区的经验，我们还在各展区为不同年龄的儿童设计了适宜的活动。比如，在有关"梦"的展区，工作人员让儿童围绕做梦进行讨论，并通过讲述自己做梦的经历与展览的内容联系起来。这些由展出而引发的活动把展览和学校的课程主题巧妙地结合起来，也使展览对幼儿更有吸引力，更有意义。博物馆已经为年龄较大、人数较多的儿童专门设计了许多展览，因为这些儿童从概念上讲已经超出了学龄前儿童的范围，要依靠课文来传授一些必要的知识。而多彩光谱的活动为4岁和5岁的儿童提供了参与展览的机会。

　　辨别哪些主题与展览有关，并增加相应的教学活动，这两条策略帮助我们实现了目标。与以前相比，幼儿在展览中停留的时间变长了，似乎也更加喜欢参与这些展示会了。因此我们选择了这两条策略集中进行第二个主题——关于我的一切。博物馆的展示会上与这一主题有关的是"骨骼"和"认识你自己"。在"如果残疾了，我该怎么办"的主题中，儿童通过努力操作轮椅或不用手指完成家务等方法体验身体有障碍的生活。古特曼屋（Guterman House）有三层，这个展区创作了关于第二次世界大战期间一个犹太美国人家庭的故事，我们将其与单元中跟家庭有关的活动联系起来。

　　我们还在几个展区增加了一些附带的活动。在"骨骼"的主题中，我们让学龄前儿童绘制人体图，以此帮助他们把人体骨骼模型和自己的身体联系起来；我们还为"认识你自己"绘制了成长曲线图，旨在帮助孩子把关于人体的一般信息和自己的生理发展情况联系起来；还有幼儿园的障碍课程"如果残疾了，我该怎么办"，促使儿童从另一个角度思考自己平常轻而易举就能完成的动作。

　　实践中我们认识到，那些负责博物馆日常教育活动的人与前来参观的儿童打的交道最多，因此，要想使博物馆最大限度地产生共鸣学习，必须与他们进行合作。为此，我们专门为那些在博物馆开展活动的工作人员举办了"解说员"的培训会，向他们解释我们的主题单元，经过相关展区时跟他们谈论，并讨论和回顾一些附加的活动。通过培训会和会后的讨论，我们培养出一批在博物馆展区开展多彩光谱活动的解说员，他们向参观的人们解释那些跟儿童在教室里探索的课程主题相关的展区。

　　为了充分利用博物馆的优势，我们设计了专门在博物馆开展的活动，包括互动性的科技活动和大规模的人文活动。骨骼舞、影子感应"歌"，以及坐落在博物馆里真实的三层小屋，都给孩子们留下了持久的印象，而这些是儿童在学校和博物馆仅仅通过对工具的操作永远也做不到的。我们看到幼儿园的孩子们长时间停留在展区，愉快地和解说员进行交谈，和解说员以及他们的成人伙伴一起活动。我们的小观众非常成功地走出了 SMILE 的教室。博物馆每周有三个上午用来接待 3 岁的幼儿，包括来自其他项目的全班儿童，他们非常喜欢博物馆的工作人员在游戏区主持的"关于我的一切"这一带有运动性和艺术性的活动。同时，幼儿园年龄稍大的儿童则在多彩光谱的研究人员的指导下，在更大一点的博物馆里对"关于我的一切"的展区进行探索和活动。

在 SMILE 的教室里，孩子们持续不断地参加我们为培养不同智能而设计的"关于我的一切"的工具箱活动。他们用拼贴画做自画像，并比较、思考各自的相同之处和不同之处，参加挑战自身的障碍课程，用气味罐和"感觉"包（装有用来要儿童通过触摸辨识的"神秘"物体）训练他们的感官，儿童还制作了"关于我的一切"的小册子，其中包括他们可以在家里进行的活动。教师还把孩子们的照片贴在小木块上作为游戏道具和"玩具屋"（dollhouse）中的人物。

在儿童对博物馆浓厚兴趣的鼓舞下，我们还在教室里设计了一些类似博物馆的活动。比如，我们在"白天与夜晚"的单元中增加了一个简化的类似于博物馆里的影子游戏。用闪光灯做背景光，让孩子们把自己的影像投射到悬挂的一块薄板上，然后对自己的影像进行实验。

我们还根据博物馆的气球展区在教室的气球区添加了新的工具。通过这些活动我们捕捉到了展览厅的一些兴奋点，发现了加深儿童对课程理解的新方法，并能运用多彩光谱方法来填补希布鲁克—威尔逊在她的教室里发现的空白。

我们想让孩子发现博物馆里激动人心的展览和他们一年中在教室里的学习之间的关系。因此，当孩子们参观博物馆的时候，教师和监护人（如家长和教师助理）通常会指引孩子去我们已经鉴定过的展区，以此与教室里开展过的主题来建立明确的联系。我们会给监护人一份标出了相关展区的地图，上面还有如何把展区和教室活动与课程主题联系起来的书面说明。多彩光谱和博物馆的相关成员也会在孩子们到达博物馆的时候简洁地讲一下活动和主题。这样做主要是为了帮助监护人抵制什么都想看的诱惑，也能帮助他们更好地理解博物馆的"游戏"和学校的"工作"之间的联系。

(四)家长参与

为了创建共鸣"三角形"的第三个角，我们设计了孩子可以带回家和父母或者兄弟姐妹一起玩的活动。这些活动一般类似于教室里做过的活动，因此在某种程度上，孩子把活动介绍给父母的时候可以扮演教师的角色。在"白天与夜晚"的主题中，"带回家的活动"包括一块装在盒子里的微型故事板(盒子同时可用作舞台)，内含一本儿童在班里读过的书以及他们在重述故事时要用到的人物和道具；一份观察方法及观察所需的材料，要求家庭成员每晚观察月亮，为期一个月；另外，儿童要和全班同学分享的绘画作品。

根据他们自己对家庭作业的回忆，SMILE 的家长理解了在家里进行跟学校有关的活动的必要性。然而，正如本章前面讨论过的，家长经常把博物馆看作一种与教育本身无关的课外活动资源。因此，尽管在关于父母对教育的支持的调查中，大多数家长把"学会如何更加积极地参与孩子的教育"放在第一位，但在参加我们提供的博物馆教育集会时，他们并未表现出太大的兴趣。和大多数家长一样，SMILE 的家长也没有把儿童博物馆看作实现参与孩子教育的途径。

我们安排杰瑞·鲁滨孙和她的同事——游戏区方案的开发者简·摩尔(Jane Moore)在学校组织了一个专题讨论会。鲁滨孙和摩尔在会上提出了一些家庭外出参观博物馆时对儿童的指导策略。他们建议每次的参观活动要围绕一个主题组织，尤其要围绕孩子们正在学校里学习的单元主题来组织。他们强调参观应当随着儿童对博物馆适应性的不断增强和深层次学习经验的获得而趋于多样化。

鲁滨孙和摩尔还指出，家长还可以利用参观博物馆的机会对作为学习者的儿童进行观察，以多元智能理论为指导对儿童的学习风格、学习兴趣和学习能力进行评估。他们建议家长要多问自己一些诸如"我的孩子对不同的气球进行了哪些观察？他（或她）有没有对形状和大小进行实验？实验时专注吗？"等问题。这种观察也许可以帮助家长回忆起孩子在家里特别喜欢玩的一些其他活动。

专题可以帮助家长正确评价博物馆的教育价值，正确认识以共同的课程主题为核心把学校、家庭和博物馆的活动联系起来的意义。专题会还可以让家长在参观博物馆时树立目的意识，而不是仅仅作为孩子的监护人对其进行监督。一些家长说他们喜欢标注了主题展区的地图，因为这可以帮助他们统筹安排参观博物馆不同展区的大概时间。尽管家长的这些评论像趣闻一样，但它们反映了家长不断增强的对博物馆作为一个连接教室活动的教育场地的理解。家长在参观博物馆的时候不仅是儿童的监护人，也是儿童的教育指导者，有了这一思想的指导，家长会越来越深入地参与到儿童的学习中。

(五)年度反思

因为多彩光谱的儿童博物馆方案实行时间不长，所以我们还不太了解它的长期效应，但我们确实在学校、家庭和博物馆之间创建了一个共鸣的学习环境。我们能够说的是：从短期看，儿童确实在博物馆展览与教室活动之间建立起了联系。例如，在"流动的光"的展览中，儿童感受到了光照在动的聚酯薄膜条上的神奇效应，比尔注意到这个现象与在学校里用小棱镜看到各种各样的颜色之间的相似性。米兰达(Miranda)则在教室里的泡泡桌前忙碌着，她兴奋地把自己吹出的泡泡和在博物馆展览的大泡泡比大小和颜色。在学校的影子活动中，儿童更喜欢"回忆"展览中所发现的类似的结果。这些自发的现象说明了儿童不仅能够记得在学校单元活动中或在博物馆中所获得的概念和信息，而且能够在不同的情境中以新的方式加以运用。

对于希布鲁克－威尔逊而言，儿童博物馆项目帮助她拓展了课程领域，尤其在那些她最不擅长的领域，儿童博物馆项目为她提供了所需要的材料和支持。也许更重要的是，建立在多彩光谱方法和多元智能理论基础上的方案，帮助她在儿童博物馆、课程与学生之间建立起了有意义的关联。同时，这也为她继续利用博物馆以及其他社区资源来拓展课程提供了一个框架。

对于我们博物馆的合作伙伴而言，多彩光谱方法和多元智能理论的方案开创了一个新方法，他们可以借此帮助家长认识到博物馆展览的教育意义，并开始在展览中参与到儿童学习的过程中。在多彩光谱研究人员的协助下，博物馆人员能够举办一些更适合学前儿童的展览，这些展览更有利于儿童能力倾向的发挥和兴趣的展现。多彩光谱方法似乎让人们能够用更长的时间更深入地观看展览，能够让家长为了孩子的教育经常回头光顾博物馆。

另外，此方案还为博物馆留下了一笔重要的财富，博物馆的现任教育主管杰瑞·鲁滨孙仍然使用多彩光谱方法来保证展览与相关活动之间的平衡。她在设计一些特殊方案如戏剧表演时也一直牢记着多元智能理论。在一个戏剧表演《白雪公主的七个小矮人》中 7 个角色就分别代表了 7 种智能。鲁滨孙认为，这种儿童和成人都觉得非常有趣的表达方式体现了不同的学习方式和认知方式所具有的价值，并且将他们在博物馆的活动与此联系起来。

三、　充分利用到博物馆的实地考察

并不是所有学校都能够与博物馆建立一对一的合作关系，但是许多学校离博物馆并不是很远，可以作为远足考察。我们相信我们在研究项目中所获得的洞察力能够帮助教育工作者在学校、博物馆、学生家庭之间建立起有意义的联系，并且在远足中使儿童的学习效果最大化。下面让我们分享一些建议。

(一)预先了解博物馆

只要有可能，在带班级去博物馆之前最好自己先去两次。第一次主要观察其他游客，要特别注意儿童是如何看展览的。要慢慢地穿过博物馆，注意哪些展览是最受欢迎？哪些最能吸引儿童？哪些最能吸引和自己的学生年龄相仿的儿童？儿童是如何看展览的？把有关信息牢记在脑海里，回到班级后再观察自己的学生，记录那些最能让他们投入的活动。

如果可能的话，一个星期后再次重返博物馆。亲自参与到展览中进行体验，在离开之前，找一个地方坐下来静静地反思一下自己的体验。把那些你认为会吸引学生、可能会强化正在进行的课程主题的有关信息记录下来。务必记下展览的名字和地点，并附上简单的介绍。

通过预先参观，你可以对博物馆的陈列有一个了解，这会帮助你制定明确的参观路线。另外，如果有你希望让儿童参观的展览，你可以在参观之前或之后准备一些相应的教室活动或带回家的活动来增强儿童相关体验。务必在参观博物馆之前就要开始此单元或观前活动，稍后再开展一些后继活动来加强校内学习与校外学习之间的联系。

(二)带领儿童多次参观博物馆

多次参观可以使你能够集中于特定的几个展览，每次参观都可以与一个不同的教室主题或单元相联系。如果博物馆能成为日常课程的一部分，儿童和家长就可以不慌不忙地参观，而不用担心他们会错过什么重要的或有趣的东西。你还可以与博物馆管理人员商量如何减少费用。

(三)儿童陪伴者要做的准备

你要告诉陪伴者为什么要远足参观这个博物馆，这些展览与儿童在教室里的学习和活动有什么关系。最好在地图上标出参观地所在的位置；如果博物馆有地图提供的话，你可以预先醒目地标出相关的展览。参观完毕，给儿童及其家长一段时间，让他们一起反思他们的体验。

(四)鼓励家长参与

鼓励家长带领孩子再次返回博物馆，并帮助孩子将学校和博物馆的学习经验联系起来。你可以让家长帮助博物馆更新活动的主题，提议相关的展览以及建议可在家里进行的后继活动等。你不用准备成套的"带回家的活动包"，只要在一张纸上写清楚一些简单的建议就足够了。

(五)使博物馆参观起着催化剂的作用

博物馆不仅为家长提供了一个材料丰富的环境，而且也为老师提供了一个观察儿童学习过程的机会。通过观察学生，你可以更加深入地看到他们的能力强项和兴趣，知道哪种活动最能吸引他们的注意力。

记住学生的能力倾向，在浏览博物馆时，看看是否能够从中得到启发，使你的课程单元更加丰富。例如，在看到博物馆的"泡泡房"后，我们深受启发，于是在教室里新增了"吹泡泡"的材料。在教室环境创设方面也可以从儿童博物馆得到一些启发，如建构区、花园、墨西哥村庄、雨林、海洋家族等。虽然与博物馆里的村庄或海底景观相比，教室里的要朴素得多，但创设环境的过程给儿童提供了参与设计和建构的机会。多彩光谱方法还可以帮助你设计一些新活动，为儿童理解某个主题或概念提供多种切入点，这样主题的学习或概念的获得就将容易得多。

参考文献

Davis, J. & Gardner, H. (1993, January/February). Open windows, open doors. *Museum News*, pp. 34~37, pp. 57-58.

Falk, J. & Dierking, L. (1992). *The Museum experience*. Washington, DC: Whalesback Books.

Gardner, H. (1991). *The unschooled mind: How children think and how schools should teach*. New York: Basic Books.

Gardner, H. (1993). *Multiple intelligences: The theory in practice*. New York: Basic Books.

Sendak, M. (1963). *Where the wild things are*. New York: Harper & Row.

Waber, B. (1972). *Ira sleeps over*. Boston: Houghton Mifflin.

Waterfall, M. & Grusin, S. (1989). *Where's the me in museum: Going to museums with children*. Arlington, VA: Vandamere Press.

第五章 建立联系：多彩光谱方法与顾问团

一位参与学校改革项目的教师在与学生谈话时，问一名七岁的孩子："你为什么上学？"孩子满脸困惑，回答道："我还以为你知道呢！"

也许我们乍一听会觉得好笑，这个孩子怎么会如此糊涂，竟然不知道自己为什么上学。可是如果连成人都不知道他为什么要上学，那么还有谁知道呢？儿童又何必为此费神呢？

这孩子认为他去上学，只是因为父母和老师要求他这么做。不幸的是，像这个孩子一样对"为什么要上学"这个问题缺乏认识的儿童并非少数，也不稀奇。多数孩子说不出什么充分的理由说明他们为什么要上学，也说不出学校之所以存在的意义。学校曾经起过许多积极的作用，但现在这些作用几乎已经丧失殆尽。学校的学习经验对学生产生的有利影响微乎其微，学校的教学往往只局限于狭窄的学业学习，这使学生无法对课堂里所讲的东西产生兴趣，也不愿参与其中。一个典型的例子就是，孩子们鲜有机会从事与真实世界相联系的活动，学校的活动没有把儿童的兴趣、技能和热情与那些为校外生活所重视的价值联系起来。

学业学习处境困难的儿童难以从单一的以学校为基础的社会支持系统中获益，这已是长久以来一个不争的事实。来自学校的支持必须与家庭、社区和社会服务机构紧密联系起来，才会对学生有所助益。正如詹姆斯·考默（James Comer）颇具开拓性的研究（1980）所表明的："若校方能与社区、社会服务机构和家庭紧密合作，会对学生的社会性及心理发展产生正面影响，从而使他们获得更高的学业成就。"

考默的研究指出，校方和邻近资源（如商店老板、警察、商人）"分享专门知识"是极其必要的，所有邻近资源都可以以一种生动而实际的方式强化儿童从学校获得的学习经验，从而成为学校协同力量的一部分。若没有这种广泛的社区支持，学校的一些课程就无法很好地实施并充分地体现其教育价值（Damon，1990；Heath，1983）。

多彩光谱的早期研究表明：加强与"真实世界"的联系能在很大程度上激发儿童的兴趣。比如，采用来自日常环境的问题和材料；提供与成人角色或职业相关的广泛领域；告诉儿童他们可以运用自己独特的智能组合去解决问题和制造产品等。如果儿童能在自己的能力范围内从事某项活动，他们将学会更好地自我指导、形成良好的行为习惯、更愿意参与活动（见第三章）。

在把教室拓展到更广阔的外部世界的过程中，我们取得了积极的教育效果，因此我们更加深信：精心设计联系学校学习经验和社会学习经验的方案将成为学校改革中重要的一环。"儿童博物馆方案"就是朝此方向迈出的第一步。下一步的"多彩光谱联系"（Spectrum Connection）即产生于我们探究更加接近于现实世界的生成性教室环境和学习经验的过程之中。

一、　奠定顾问团的基础

在多彩光谱项目研究的最后一年，研究人员又有所变动，这可能是大学科研的一大特征。霍华德·加德纳和大卫·费尔德曼仍然是该项目的主要负责人；玛拉·克瑞克维斯基和朱莉·维恩斯仍然担任项目经理和高级研究员；另有一名具有深厚教学经验的教师纳森·芬奇（Nathan Finch）加入，他在市区的学校任教达八年之久；还有一名刚从塔夫茨大学毕业的学生艾米·玳茨（Amy Deitz），她热衷于研究问题青少年（high-risk youth），并有这方面的工作经验。

我们只有一学年的时间来设计和实施多彩光谱方案，同时要使教室的学习经验与职业/非职业社会的联系更加紧密。这种情况下，我们认为顾问团方案是实现目标的最佳途径。为什么呢？因为要想与真实社会的联系更加紧密，关键在于与社区建立关系，由社区人士提供相关经验。儿童需要与一些知识渊博、对自己擅长和感兴趣的领域充满热情的成人互动，也需要既与他们的年龄相适应、又对今后的成长有用的经验。

　　顾问团方案由成人和学生以典型的一对一的形式一起工作，每周一次。大家所熟悉的顾问形象，不外乎担任着三种重要任务：提供学业辅导；在行为和价值方面起表率作用；在生活上给予儿童必要的关怀和照顾。传统的顾问团方案更多地强调亲密的人际关系的发展，认为这能帮助儿童实现教育目标，并获得自尊和自信（Abell Foundation，Inc.，1989a，1989b）。而我们则认为，在顾问团方案中运用多彩光谱方法可能会为学生提供一个人格化的环境，有利于他们通过来自于真实外部世界的人，去了解学校以外的真实世界。

　　同时，通过多彩光谱方法建立学校—社区联系，是我们的"联系方案"不同于其他顾问团方案的特点。我们的方案首先关注儿童所生活的社区中成人的认知能力和认知风格，以及每个儿童所表现出来的认知能力和风格。因此，我们的方案是运用多元智能的理论框架来识别儿童的能力和兴趣，以及那些代表一系列成人角色/职业的专家。专家及学生的智能强项和兴趣将成为顾问团活动进行的依据。

　　我们觉得这种认知联系会赋予此项方案特殊的意义。我们设计好顾问团上半年的所有活动，以便所有儿童都能接触到广阔领域内、为社会所重视的真实的成人角色。从下半年开始，我们为每个儿童配备了一名顾问，儿童可以经常和顾问一起工作，顾问会与儿童一起分享他在职业或非职业领域内的能力和兴趣。还需提及的是，顾问们也可以像教师那样发起与其专业知识有关的活动。

　　这种以领域为基础的"顾问—儿童"模式类似于传统的学徒制。这种模式能促使儿童主动地与各领域专家建立起长期的联系；有机会近距离了解专家，获得某领域有关技能和概念的第一手经验，并发展自己独特地运用这些技能和概念的能力（Gardner，1991）。

　　我们像以往一样关注儿童入学后最初几年的表现，即儿童刚入学或刚从学前机构进入更结构化的正规学校的几年，因为这是一段非常重要的过渡时期，因此我们选择一二年级的班级作为观察对象。虽然在6岁幼儿中实施以领域为基础的顾问团方案不太常见，但是我们认识到，通过真实的、亲身实践的活动在学校和成人世界之间建立联系是具有现实性的，特别是对于年幼儿童。

　　问题的关键在于不能引导儿童现在就为某种特定的职业做准备，这与多彩光谱方法的初衷是相悖的。我们的顾问并没有这样做，相反，他们热情高涨，引入了许多新的领域活动和新技能，使早期教育更加贴近真实世界、对学生更有意义。我们希望，与专家们经常性的互动能丰富学生在教室中的经验，帮助每个学生理解"我为什么要上学"这一问题。

（一）建立联系

　　儿童与成人世界和成人职业社会缺乏联系的情况在中心城区尤为突出。那里失业率高，工作场所也逐渐减少。许多中心城区的学校资金不足，难以提供给学生哪怕是最低限度的经验和资源（Kozol，1991）。因此，我们决定从波士顿中心城区的学校开始进行合作。

　　为了选定学校，我们发函给 20 名校长，会见了其中 10 名对多彩光谱方法感兴趣的代表，并带他们在教室里进行了观察，还会见了 5 所学校的教师。最后，我们决定和塞缪尔·P. 梅森小学（Samuel. P. Mason）合作。这所学校是该城市公立学校系统中规模最小、资金最匮乏的学校之一，坐落于仓库和货运地区，挤在波士顿洛克斯布瑞区（Roxbury）两个住宅区中间。当地的许多居民都是因为住宅工程而从南波士顿附近地区搬迁到这儿的。在孩子们及其家庭生活的社区中，暴力和毒品犯罪十分猖獗。

　　梅森小学的服务对象是那些由于种种原因被认为极有可能面临学业失败的儿童。在研究项目进行的过程中，我们发现有 79％的学生符合减免早午餐费用的条件，有至少 65％的学生来自单亲家庭。尽管梅森小学经济贫困，但学生倒是来自多个不同种族，包括非洲裔美国人（42％）、佛得角群岛人（23％）、白人（19％）、波多黎各人（15％）和亚洲人（1％）。接近一半的家庭平时不说英语。

　　选择梅森小学的另一个重要原因是，该校拥有一批具有奉献精神和工作热情的员工。玛丽·罗素（Mary Russo）是一位充满活力、目光长远的校长，在他的领导下，学校的学生人数两年之内翻了一番，达到 260 人。学校还开展了以管理为核心的全校范围的改革。并组织了一批活跃的家长参与改革，家长通过家长顾问委员会参与改革的做法让我们受益匪浅。

另外两位合作者——格温·史迪斯（Gwen Stith）和玛丽·奥布赖恩（Mary O'Brien），分别是一年级和二年级的教师，他们对工作充满激情且富有经验。还有史迪斯的一位很有才华的实习教师——林塞·泰蒙托兹（Lindsay Trementozzi）。这个三人小组深信，他们的学生拥有无尽的尚未开发的潜能，但是挖掘和培养这些能力的资源极其有限。在这方面"联系方案"似乎拓展了学业课程，而不是简单地彻底推翻它。

从春季开始，我们与梅森教师每两周举行一次会议，向他们介绍多彩光谱方法。各种会议及小型的专题讨论持续了整整一个夏天。到了秋天，我们开始运用多元智能理论对学生进行观察和记录，并花了大量的时间用于讨论课堂观察的目标和技巧。我们一致认为，翔实的观察必然来自于丰富的活动，所以我们抽出专门的时间来寻找这些活动，同时创设一些类似的活动。

（二）遴选顾问

教师和研究者都认为，我们应该从不同的职业中挑选顾问，这样儿童才可能接触到各种成人角色，并与某位顾问分享共同的兴趣，使其能力得到发展。同时，我们希望顾问代表的群体能反映儿童的文化和种族背景，且男女均衡。

为了挑选专家，我们设计了一套全面的申请和审查程序。参考了地方顾问团组织的专业意见，包括"波士顿教育合作者"（BPE）和"波士顿一对一计划联合会"。BPE 有 25 年制定顾问团方案的经验，特别是在鉴别和筛选专家方面，为我们提供了很有价值的专业意见。我们致电几十个组织和个人，对其中表示出兴趣的人员寄发了申请函，申请函内容包括背景信息介绍和一张申请表格。审查过这些回执之后，我们选出一些候选人并与他们见面，评估他们和孩子们一起活动的能力如何，以及能否承诺完成该方案。审查的另一个标准是，每个候选人从事的行业或非职业生活是否与一二年级的课程相适应（见表 5-1）。

表 5-1　顾问团成员申请者面试问题

1. 请介绍一下您目前的工作(或者介绍一下您将要谈到的、并准备与儿童分享的工作)
   - 您做这份工作多久了？
   - 您的工作需要哪些技能？
   - 您将如何向六七岁的孩子描述您的工作？
   - 您工作中的哪一部分会是孩子最感兴趣的？
   - 在您的工作中，什么对孩子最有用？
2. 请再解释一下您为什么想参加顾问团方案？
3. 您有没有和六七岁的孩子在一起的工作经验？如果有的话，您记忆中最好和最糟的事分别是什么？
4. 作为反对和一个孩子单独在一起的理由，您认为和一小群孩子一起活动会有哪些有利之处和困难之处？
5. 遇到如下情况，您会怎么做？
   - 您正指导一项小组活动，可有个孩子拒绝参加
   - 小组活动时，一个孩子不但坐不住，而且还在捣乱，导致其他孩子都没法工作
   - 一个孩子正在写"自传"，他告诉您有关他家庭生活的一次不愉快经历
6. 您对成为顾问团成员有什么考虑？您认为还有什么是我们没想到的？
7. 请向我们介绍一下您最近参加的俱乐部或组织。业余时间您还做些什么？哪些可以与孩子们分享？
8. 您认为您能保证达到这样的要求吗(说明时间要求，包括培训时间)？

夏末，我们挑选出 10 名核心成员组成了顾问团，他们充满热情、才华横溢，而且愿意投入大量时间实质性地参与到方案中来。我们很高兴能组建这样一个多元化的、热情高涨的群体。我们也很庆幸能利用与梅森小学合作的机会与 Boston Parks and Recreation Department(BPR)建立起初次合作。这个机构实际上就位于学校所在的街道上，一些职员早年还参加过梅森学校的一项阅读活动。10 名专家中有 6 名是 BPR 的职员，他们获准在工作日来参加我们的方案。

从所代表的行业来看，来自 BPE 的专家包括两名城市规划设计师(其中一名同时还是建筑师)、两名园林管理员和两名运动员。另外四名专家分别是音乐家、诗人、电视艺术家和摄影师。这个团体在人种方面也是多元的，

包括非洲裔美国人、白人、印第安人等多种族的人，其中八位是男性。我们本来应该组织一个性别更均衡的群体，但是我们还是很高兴我们能提供这样一些代表了多种多样职业社会中积极男性角色的榜样。

(三)设计课程

为了使"学校—社区"的联系能有效地帮助儿童，专家的介入必须成为教室课程的有机组成部分。我们决定在了解社区的过程中，向学生们介绍顾问团成员，特别要强调他们就在邻近的地区工作。从9月到第二年1月中旬，我们安排了三个互相交叉的单元。

这个学年将从儿童所熟悉的基础单元"关于我的一切"开始，接着是"关于我的家庭"。在第三单元"关于我所在的社区/我的邻居"中，大部分顾问团成员将以团体形式首次进入教室，向学生们介绍他们所从事的职业。设计这些单元时，我们利用了教师以及我们自己所收集的活动，比如"关于我的一切"的活动就是与展览馆合作的结果。正如第二章中所说，多彩光谱与整个研究项目有着某些共同的元素，我们也要查找那些指导单元活动开发的文献(Jacobs，1989；Katz & Chard，1989；Zimilies，1987；见Gardner，1991，第51~52页，关于课题研究的方法)。

我们通过多种途径将多彩光谱方法整合到现在的联系方案中。第一，如上所说，挑选一批代表不同领域能力的专家。第二，为了适应不同学生的能力和兴趣，以多彩光谱方法为框架，丰富和修改单元活动。第三，最大程度地利用多彩光谱评估活动和相关的观察框架去评估学生的能力和兴趣。举例来说，将多彩光谱装配活动和故事板活动整合到课堂活动中，就可以有目的地考察儿童的机械能力和创造性语言能力。第四，从"学校—博物馆"合作方案获得启示，努力创造能引起共鸣体验的学习机会，这些"共鸣"体验对强化儿童的学习效果具有重要意义。因此，联系方案中的活动包括单元活动、围绕专家来访的预备活动和后续活动、专家的来访活动本身，这些活动以邻里和社区为主题。

史迪斯和奥布莱恩也决定将学习区纳入课堂，这为我们要建立的联系提供了大量处于当前运作状态中的材料和经验。今后和先前的有关专家来访的相关材料经由学习区循环往复。多彩光谱评估活动也在那儿找到归宿。学习区为教师提供了在不同领域更密切地观察学生的机会，也为儿童提供了机会去熟悉专家们所从事的行业所需要的"工具"。

(四)培训顾问团成员

在 BPE 的罗尼·卡顿（Lonnie Carton）的协助和促进下，我们于 9 月召开了首次顾问团成员培训会议。作为一名儿童发展专家，卡顿具有在波士顿公立学校的教学经验，这是我们与 BPE 合作的又一个有利之处。第一次培训会上，大家互相认识，并讨论了诸多问题，从儿童发展及多彩光谱方法的理论基础，到来自梅森小学实践的信息（课程、学生背景、已被认可的规定和惯例等）。

这一年我们共开了 5 次培训会议。会上，我们讨论了并进一步明确了一些实际的问题和事务。比如，如何使用团队管理技巧来维持有序的课堂环境；如何应付即将面临学业失败的儿童和那些调皮的儿童一起学习时会遇到的更为困难的局面？如何在顾问团成员来访期间提出一些具体议题（如处理行为问题和运用教学策略）。

第一次会议上，我们就强调"多彩光谱联系"非同寻常，与大部分顾问团方案相比，可能是更具有挑战性的主张。因为我们要求顾问团成员不仅要成为学生的朋友和社会角色榜样，而且要教给孩子一些各领域的专业知识技能。因此，每次培训会议都会留出时间，让顾问团成员设计与儿童共同从事的活动。这给了他们向教师、多彩光谱项目组成员、BPE 成员和其他顾问团成员寻求支持和建议的机会。

在一个顾问团群体中，不同顾问团成员与学生建立良好关系的能力差异很大。一些顾问团成员能轻易地估计出学生的水平，而有一些成员需要一整年的协助，才能使他们的工作适合一年级学生。所以，来自教师和组织成员的支持对方案的成功至关重要。

当被问及对培训有何评价时，顾问团成员们认为培训会议有很多方面的作用，且十分重要。他们发现关于儿童发展、教学和管理技巧的知识特别有用，他们还认为培训应帮助参与该方案的人们相互建立关系。他们也很欣赏通过学生的传记体文章和作品夹来了解他们。培训会议对多彩光谱项目组成员同样十分有用，它帮助我们判定从哪里以及如何进行干预介入最为有效。

二、 介绍顾问团成员和他们的专业知识领域

两周一次的顾问团来访从 10 月上旬开始。所有成员至少来一次，如果他们两个教室都要进，那就得来两次。正如我们所希望的，"关于邻里"的单元成为顾问团成员及其社区角色的最佳开场白。举例来说，在"建筑"单元中学习城市结构时，很自然地介绍了城市规划设计师。在介绍音乐家罗恩·里德(Ron Reid)之前，学生已经在研究"在我们的社区，哪里可以听到音乐"。

儿童强烈的参与愿望和高质量的工作，意味着这些教学单元是符合他们的需要的。当手头的任务与他们的日常生活相关时，孩子们的工作做得尤为细致和认真，如关于他们家附近的公园、他们最喜爱的音乐，或者亲身经历过的考察活动等。

顾问团成员来访之前，学生先参加教师组织的预备活动，或者参与学习区的活动。比如，在音乐家来访之前，学生研究不同的乐器，听它们的声音，讨论不同类型的音乐。他们在学习区制作了发音筒。在胶卷盒里放上豆子、回形针之类的小东西，然后试验各种不同的声音。

同时也给了儿童一些时间，他们可以运用顾问团成员提供的工具和材料在学习区进行自由的探索活动。例如，在城市规划设计师来访之前，教师准备了一个手工操作台，备有"T"形尺、蓝印纸和其他建筑设计工具。我们发现，这些材料在顾问团成员来访之前就能激发起儿童对它们的好奇心，激发他们提出问题，而且在之后的学习区活动中，也能保持较高的活动水平。

为了保证儿童能积极地参加顾问团成员来访活动，教师要求他们事先准备头脑风暴式的提问。一开始，他们的问题总是关于日常生活的，例如，"你在哪儿出生？""你有孩子吗？"于是教师帮助他们准备更趋于专业领域的问

题，如问音乐家"你是怎么学打鼓的?"问城市规划设计师兼建筑师"你会画地图吗?"等等。根据多彩光谱项目组成员的建议，顾问团成员根据一个统一但不乏灵活的模式来准备他们的发言："我是谁?"（个人介绍），"我是干什么的?"（专业领域介绍），"你们想知道什么?"（问答部分），"这到底是什么样的工作?"（介绍学生们将要亲身实践的活动）。

当贝斯手兼鼓手的罗恩·里德来到教室里，很快就为那些躁动不安的孩子们演奏乐器时，孩子们兴奋地欢呼，还高兴地交换意见："听起来像马的声音!""我还从来没见过这样的吉他!"像其他顾问团成员来访的情况一样，整个过程中问题层出不穷："你用来打鼓的东西是什么?"（带橡皮头的木槌），"你的职业是什么?"（音乐家），"你是怎么学习演奏的?"里德回答了一些问题，还有一些留给孩子们自己去解答："你告诉我，如果你想学一件乐器，你会怎么做?"

作为让学生亲身实践的活动，里德教孩子们一首即兴创作的短歌，还伴有手势和舞步，然后他教每个孩子打架子鼓。在此期间，摄影师瑞吉·杰克逊（Reggie Jackson）带来了照相机和其他器材，教学生们如何用摄影纸创制图像。身为运动员的顾问则带领学生们进行体育活动（见表5-2）。

表5-2　顾问团成员来访和相关活动举例

顾问团成员	预备活动	专家来访	后续活动	学习区
阿莫图尔·汉南（Amatul Hannan）电视艺术家/演员	1. 讨论不同照片的差异 2. 讨论孩子们的特殊才能 3. 头脑风暴问题	1. 讨论阿莫图尔的艺术作品、电视作品和它们之间差异的处理 2. 制作"我是独一无二的"汗衫 3. 对阿莫图尔有特殊影响的事件进行录像	1. 看录像 2. 做"大书"，内有关于这次来访的故事（内含插图）	1. 画和涂 2. 看书、听录音关于"怎样变得特别" 3. 看"大书"

续表

顾问团成员	预备活动	专家来访	后续活动	学习区
罗恩·里德 音乐家/乐队领头	1. 制作音筒、沙球 2. 用装不同水量的玻璃杯做固定音高的乐器 3. 讨论乐器广告 4. 听音乐、辨识乐器 5. 头脑风暴问题	1. 讨论罗恩的乐器、如何演奏、音乐学校、架子鼓是怎么制作的 2. 演示鼓和贝斯 3. 教学生歌/动作 4. 孩子们打鼓	1. 写下/画出自己的感想，做成书 2. 进行小组讨论：什么是音乐？什么是音乐家？ 3. 讨论罗恩的来访	1. 用音筒和沙球进行旋律游戏、声音配对 2. 用水杯演奏 3. 听音乐磁带、回顾广告上的乐器
威尼特·戈博塔(Vineet Gupta)建筑师/城市规划设计师	1. 讨论操场、器械图 2. 用软糖和牙签做结构模型 3. 观察波士顿全景 4. 步行观光、注意"建筑物" 5. 使用威尼特的工具	1. 讨论威尼特的工作：规划园林 2. 研究他的地图 3. 再试用他的工具 4. 小组活动，用废旧回收物品制作模型"世界上最棒的公园"	1. 写下/画出自己的感想，做成书 2. 参观一年级的"建筑物" 3. 继续建造	1. 玩积木、建构积木和其他材料 2. 操作研磨机、装配材料 3. 开始造一座"城市"

　　像里德一样，大部分顾问团成员都带来了专业工具和材料。一位园林管理员在来校的前一个星期，就提前拿来了一套修理马鬃的工具。再来时，竟然带了一匹马来！另一名园林管理员来学校时全副武装（步话机、制服、徽章等），让学生们着实兴奋了一阵。城市规划设计师将制图工具留在学习区的工作台几个星期之久，还带来了地图。

　　顾问来访期间产生的许多想法在随后的集体教学和学习区活动中都可以得以延续。在里德来访之后，学生继续进行"声音漫步"（sound walks）去发现周围存在的不同乐音。在城市规划设计师离开之后，学生们继续他们的

"建筑工程"。每个成员来访之后，教师也会鼓励孩子们将自己的想法写下来或画出来。这种练习帮助孩子们发展写作和思考能力，同时也建立起他们自己的"学校—社区联系"。二年级的孩子把每次顾问来访的感想写下来，压膜后制作了好几本书。

（一）按兴趣将学生和顾问团成员配对

顾问团成员从下半年开始，每周一次和同一小组学生在一起学习、工作，任务更紧。为了使每个学生都能与最合适的顾问团成员配对，我们在学年开初几个月，花了大量时间辨识学生的强项和兴趣。

正如多彩光谱前阶段的研究那样，我们认为，如果儿童能够有机会涉足范围足够宽广的经验，他们就能表现出不同于他人的智能强项和兴趣。最初识别儿童能力的工具为一套观察方案，这套观察方案主要用在单元活动、两周一次的顾问团来访活动以及学习区活动（包括几个多彩光谱评估活动）中。同时，儿童对顾问团及活动的反应，与家长及学生的面谈，都可以作为观察的补充，用以识别学生的能力倾向。

在研究人员与教师的会谈中，我们回顾这些观察以及其他一些信息，会谈主要围绕着以下一些问题：

● 某学生在哪方面表现出特殊的能力和兴趣？如何表现的？
● 某学生在什么活动中表现最出色？
● 某学生被什么课程和多彩光谱活动吸引？
● 某学生被哪一位顾问团成员吸引？
● 某学生在哪些活动中会帮助别人？

史迪斯和奥布赖恩认为这些会谈很重要，并强调要关注儿童能够做什么。教师们承认他们确实花了太多的时间去寻找学生的弱项，开始意识到要去寻找儿童的擅长之处，要去建构符合学生能力和兴趣的环境和资源。

教师们将这些会议形容为促进专业发展的活动，通过这些活动他们学到如何更密切地观察，如何为发现多元智能而观察儿童，如何将注意力集中在那些强项上。他们自称是在学习怎样围绕学生的强项和兴趣去组织课堂教学。而且，当教师观察到学生表现出来的各种能力时，他们也会认识到其中一些能力领域在课堂中根本就没有体现，然后就会为这些学科领域准备活动和材料。

到 1 月上旬为止，我们为每个儿童都配备了一名经评估被认为是与儿童的兴趣和能力最匹配的顾问，组成"最佳组合"。每位顾问的小组人数 3～6名不等。小组的规模和组成都是以学生的强项和兴趣为依据的，同时参考学生的个性，特别要考虑避开学生之间明显的性格不合。到 1 月中旬，这样的小组活动正式开始(见表 5-3)。我们的评估看来还是很有效的，只有一个孩子在小组中显得不愉快，因为他是唯一的男孩。第二个星期，他就被调到了另一组。

表 5-3　多彩光谱联系方案时间表

阶段一：夏	阶段二：秋/冬	阶段三：冬/春	阶段四：春夏
继续教师培训	顾问团成员培训会议	第二次顾问团成员培训会议	总结小组形式的专家来访(五月中旬)
开始介绍单元课程	开始实施介绍单元	结束全体访问(一月)	举办结束活动：小型运动会、发表会等
计划顾问团培训	全体顾问团成员访问	儿童与顾问团成员配对(一月底)	举办感谢活动：梅森小学早餐会、零点方案招待会
接触其他类似的顾问团组织	实施预备和后续活动、建立学习区	开发被推荐领域的单元课程	举行家长顾问委员会会议
通过电、函联系可能的顾问团成员	观察儿童	开始以小组形式访问	与教师、校长、学生、家长、顾问团进行告别会谈
面试和筛选候选人	开顾问团支持会议	引进每周专家热线；召开顾问团支持会议	开始数据分析
确定顾问团成员	继续召开教师和多彩光谱项目研究人员的会议	继续观察	
	为家长开介绍会	继续召开教师和多彩光谱项目研究人员的会议	
		邀请家长进入顾问团	
		为家长召开后续会议	

(二)合作

春天里的某一日，刚好是一年级的顾问团日。电视艺术家阿莫图尔·汉南(Amatul Hannan)，在教室的一角帮助她组里那 4 个活跃的孩子研究故事板的拍摄计划。教室的另一角，城市规划设计师阿尔多·格林(Aldo Ghirin)和他的三人小组正全神贯注地设计和建造教室模型。楼下教师休息室里，园林管理员约翰·派尔斯达(John Piasta)和三人小组聚在一起商量"收集罐"里的东西，要辨认他们找到的东西中，哪些是"天然的"，哪些是"人造的"，哪些是自然的，而哪些是受"污染"的。在另一角，运动员里奥·鲍舍尔(Leo Boucher)带领一组孩子，用草垫、呼啦圈和大泡沫板设置障碍跑道。

顾问团日总是激动人心的，在顾问团成员露面之前，全班儿童已经在迫不及待地期盼了。一年级的学生掌握时间的能力欠缺，所以整个星期都能听到他们在问："今天是顾问团日吗?"到了这一天，他们则会不时地问："专家什么时候来?"顾问团成员每周三与一年级共处一个小时，每周四则与二年级共处一个小时。

多彩光谱项目组成员和教师帮顾问团成员将活动设计成为期一个月的单元，每一个活动都能强化上周所学的技能。例如，汉南组织一年级学生进行一个长期的拍摄项目。决定了拍摄音乐电视之后，孩子们运用故事板来编排歌曲和舞蹈设计特殊效果等。他们挑选音乐，安排舞蹈程序，设计并制作鲜艳的演出服装，学习使用拍摄设备。几周后，他们录制了表演过程，还参观了为他们的录像带进行后期制作的工作室。

瑞吉·杰克逊小组的孩子们掌握了冲印照片的各种技能。最初几个星期，孩子们用麦片盒和咖啡罐做相机，以此来学习摄影的基本要素。然后孩子们在学校临时建的暗房里冲印自己的照片。同样作为一个长期项目，园林管理员与孩子们一起进行一系列种植实验。他们试着在不同条件下种豆子。其中一个实验中，孩子们调查如果土壤被很薄的一层熟石灰覆盖，豆子能不能很快地发芽。一个在教室里老是捣乱的男孩吉米对结果很好奇，以至于老师每次转过身去，他都要去看生长箱。老师说："我还从没见过一个孩子像他这样专注。"

"联系方案"还包括向儿童介绍社区资源的活动。优秀艺术展览馆(MFA)的解说员到学校来介绍关于展览馆的情况，还展示了一批艺术品，然后孩子们参观了 MFA 和当代艺术展览馆。

一二年级的学生都去游览了一次波士顿富兰克林公园的动物园，每个小组都搞了一些和他们领域相关的活动。里德的小组搜寻并录制了大自然的声音；诗人莲娜·桑德斯(Lena Saunders)的小组在树下找了个舒适的地方，让周围的一切激发创作的灵感；汉南的小组用电影胶片摄像；而杰克逊小组则拍了许多照片。

每个小组也都到他们的专家工作的地方去参观过。所有小组去过的地方有电视摄影棚、学院的摄影工作室、城市规划设计师的办公室(the Park and Recreation office)、管理员办公室和马厩、音乐学院。到这些真实的工作场所参观是整个方案中最成功的一个环节。这当然得益于顾问团成员，他们在自己的工作环境中得心应手，他们是那个领域的行家。里德的小组参观学院的演练室，演奏乐器，观看铜管乐队全体排练。安德鲁是一个常在教室里捣乱又不太有积极反应的孩子，经常心不在焉，游离于小组之外。但在这次参观中，当铜管乐队吹响喇叭时，他全神投入、欣喜若狂。在期末的面谈中，安德鲁唯一一次自愿发言，谈到的就是关于这次参观时，他对人们吹奏喇叭和其他乐器的回忆。

这些现场参观在孩子们身上产生了持久的影响，诸如此类的例子很多。比如，安吉(Angie)，城市设计师小组的成员之一，选择制作一个顾问办公室模型作为最后一个项目；摄影组的孩子们在写感想时，不断地提到参观摄影棚的过程中所看到的那架放大机。最后，我们与 26 名参加了现场参观的儿童进行了面谈。当问及对顾问团活动记忆最深刻的是什么时，10 名儿童立刻表示是现场参观，20 名儿童能轻易地说出顾问团成员的工作场所。而且，除了 4 名儿童以外，所有的儿童都能很容易地分辨出他们小组专家的职业。我们进行面谈的 8 名顾问团成员中的 6 名，建议在方案中增加到工作现场参观的活动。他们感到这样的参观是最实在和最自然的对职业社会了解的延伸。

每项小组活动结束之后，每位儿童都要写自己的感想，回答两个问题："你做了什么"和"你学到了什么"。我们鼓励儿童通过写或画表达他们的感想。对儿童而言，完成感想页既是挑战，也是收获。它要求儿童对参加过的活动进行反思并将它们联系起来，这并非对每个儿童都很容易。在分享时间里，他们也可以以此作为提示和参考。年末，儿童再仔细思考自己那一叠感想页上的内容，并将它们装订起来，装饰一下，做成一本小册子，自豪地带回家去。

每个学生都有自己的个人文件夹，这些文件夹是用 46～61 厘米不等的图纸装订而成的，孩子们还自己做了装饰。文件夹的内容随着活动的深入不断丰富，如小型运动会、诗稿、模型设计和感想页等材料，都一个星期接一个星期地装订在里面。所有的小组还各有一个"百宝箱"，用来储存原材料，或者太大的装不到文件夹里的东西。例如，里德的小组就把他们制作的乐器放在里面。

文件夹一方面可作为展现儿童工作价值的一种方式，另一方面可在每周的分享时间中向其他小组的同学介绍他们的活动时用。文件夹也可以展示所用的材料和完成的作品，从诗作、照相机到教室模型。在展示时，他们通常也会用到文件夹和"百宝箱"中的某些东西。这对教师而言是一个有利时机，可以将学生的知识和能力与他们的经历和理解结合起来进行评估。哪怕是沉默寡言的孩子，也会被激励而和同伴交流，这也许因为所进行的讨论与他们所熟悉并擅长的事情有关。分享时间显然是学生们感兴趣并投入极大关注的活动。奥布莱恩和史迪斯感到儿童可以相互学习到很多东西。

这些可作为正式的感想交流活动的补充，顾问团来访之后，教室里通常会紧接着出现自发性的分享活动。孩子们向其他顾问团成员和自己的同伴们询问关于他们小组活动的问题。这种非正式提问给了孩子们与自己小组以外的成人和同伴互动的机会。

奥布莱恩、史迪斯和泰蒙托兹（Trementozzi）始终在寻找将顾问团活动与教室活动整合起来的途径。平时，他们将与专家的职业领域相关的活动和材料放在学习区，并在可能的情况下，尽可能地提及顾问团涉及的专门知识。例如，在语言艺术课上，奥布莱恩要求与诗人一组的学生与大家分享他们在押韵方面的专业知识。学生们自己也会在顾问团活动和教室活动之间建立联系。数学与科学课上，城市设计师小组的学生们自告奋勇地提供他们从制作模型中获得的关于测量和形状方面的知识。他们为能够教其他同伴如何使用尺子而感到自豪。

三、 顾问团方案的获益和面临的困难

目睹学生和顾问团成员一起工作学习的这一年，我们感到联系方案中最明显的一点是，多彩光谱方法在教育那些对学校有抵触、厌倦情绪的学生方面很有效。曾被教师评价为"低参与"或"低水平"的学生，在顾问团活动及相关活动中有很高的积极性。典型的捣乱或拒绝参与正常课程的学生，在以顾问为核心的小组中能积极参与和合作。他们很自然地与顾问团成员对话、提问、分享主意和策略，有时还会担任领导角色。泰蒙托兹这样形容汉南小组的一名学生：

> 我曾见过像修德拉（Shondra）这样的学生，她在班里从不说话，但在阿莫图尔（Amatul）小组中她却十分踊跃……到年底，她开始举手主动提供信息……[以前]她绝对不会在集体面前发言。我真的认为，这一切是从阿莫图尔开始的。

被教师认为"难以接近"的学生，在与顾问团活动相关的学习区会花大量的时间。史迪斯注意到里德小组的安德鲁，一个很难让他说话和参与大部分学校活动的男孩，经常出现在音乐活动区，而且每次演奏乐器的时间都"长得过分"。他反复播放磁带，还向其他孩子演示小组自制的乐器。

（一）方案中的有效因素

在这一年中，多彩光谱的研究人员对顾问团成员的指导活动进行了观察，像前面所提到的，教师也对学生进行了观察。在方案开始前和结束后，

我们与儿童、顾问团成员、父母、教师和校长都进行了面谈。通过这些信息，我们试图鉴别方案中最有效的因素是哪些。研究发现，这些因素包括发展私人关系、培养社交技能、帮助儿童认识自己的能力、获得各领域的技能以及建立学校与社会的联系。

1. 发展私人关系

尽管强调顾问团成员的专业领域和相关活动，但我们还是希望在顾问与儿童之间建立亲密的私人关系，这也是传统顾问团方案的一个特征。我们觉得小型的组群和灵活的活动形式能使这种关系建立起来。我们试图平衡各领域的工作和玩的时间，以保证顾问团成员和儿童有机会为了乐趣和发展良好关系而共享活动。

来自顾问团成员和孩子们的话语证实了我们在维持两者之间既有感情又有认知的关系方面是成功的。顾问团成员形容他们与儿童的关系时，更多地用"朋友""姐妹""特别的阿姨"一类的词，而不常用"指导者""辅导员"和"教师"这样的词。儿童在用词方面也表达了与顾问团成员之间深厚的感情。当问到迈克"如果有更多的时间和顾问在一起，你愿意做什么"时，他说："我要给约翰许多许多许多许多拥抱！"

2. 培养社交技能

联系似乎还产生了更广泛的影响。顾问和教师们注意到儿童的交往和人际交往技能在方案进行过程中得到发展。顾问团成员提到，他们小组的学生在与他们"朋友式"的交谈中一般都显得越来越轻松自在。罗素校长说道，这些儿童在课后能以轻松友好的方式与成人交谈，这方面他们比以前更突出。一些父母还注意到，孩子们更愿意谈论学校的事，尤其是关于顾问团活动的事。

正如一位老师所说的，孩子们和顾问团成员在一起时，似乎真正地敞开了心灵，"从他们的壳中走了出来"。两对父母相信是这个方案帮助他们极其内向的女儿渐渐变得不那么沉默寡言，在学校里也更愿意参与互动。奥布赖恩说道："蕾迪亚刚来时像一朵害羞的小花，不过很快她就能坐下来，和瑞吉说话，甚至交谈。以前的她可是做不到的。"

3. 帮助儿童认识自己的强项

儿童在整个方案实施过程中获得了洞察自身强项和兴趣的能力。父母们反映：孩子在家也开始从事与顾问团活动有关的活动。比如，运动组的孩子练习在小组活动中学到的运动技能。里德小组的唐亚(Tonya)认为她在"唱歌和听节奏方面都很擅长"。路易莎(Louisa)意识到："还有一些我擅长、但自己还不知道的事！写诗，我以前不知道我行。"劳伦斯在学校把夹克衫撕破了，最初的慌乱之后，她得意洋洋地说道："不过我知道怎么缝！我可以补好它！"

4. 获得某领域的技能

由于教学对于许多顾问团成员而言是全新的，所以我们以领域来确定他们指导活动的范围。显然，在他们参与的活动中，儿童学到很多；而且真正获得以领域为基础的知识和技能，正是在一周顾问团活动中，这些小摄影师们学会使用器材，准确地解释照相机工作的原理，讨论为什么有些照片冲印得出来而有些却不行，还能一步步冲印照片。汉南的小组成员也变得更精通技术，而桑德斯小组则在遣词造句方面更精通，他们的诗集可以证明这一点。

两个园林管理员的小组学习了关于自然和环境、污染和种植的知识。一个孩子的母亲提到，在孩子的要求下，她在花园里划了一块地方，让孩子种植自己的植物。汉南看到她的一个学生能够以连续镜头的方式拍摄，甚为兴奋：

她拉拍一张光碟，一张翼盘(sun disk)，越来越近，越来越大，还从左拉到右——她[的拉拍]非常完美，简直就像一位专业摄影师。托亚喜欢"我的小火花"，所以就拍了一段，栩栩如生。她知道怎样运用直线连续镜头拍摄并拍得有意义。她很精通、非常精于此道。

我们也看到，在能够激发智能的领域活动中涌现的"基本技能"：在制作建筑物模型的课程中，对尺和形状知识的应用；在分享活动和写感想页时，表现出来的口头和书面语言能力；在团体活动中发展起来的社会交往技能，如合作和分享。在领域活动的过程中还涉及一些不太具有"代表性"的技能，如缝纫和画画的基本原理。

5. 把学校与社会联系起来

教师感到这一方案帮助学生们证实了他们关于广阔世界的理解，帮助他们建立了与世界的联系。"这拓展了他们的视野，"史迪斯说，"拓展了关于他们究竟是谁的认识，拓展了他们关于社区的认识……拓展了他们关于城市、工作场所和人们如何运作的知识。"尽管一名儿童一学年中大部分时间只与一名顾问团成员在一起，但在被问及的 38 名儿童中，有一半能说出其他小组的活动，22 名儿童能说出其他顾问的职业。

儿童似乎也在考虑本章开头所提的那个问题，考虑他们上学的原因。当问及他从顾问那里学到了什么时，马克斯回答："人们要去特定的学校做特定的工作。就像其他人学习怎样做好工作一样，他们在学校里学。他们上大学，我从瑞吉那儿知道的——他带我们去他的学院。"

(二)来自家长和教师的反响

孩子们在不同领域内的能力被开发了，他们对整个方案和顾问团成员抱有极大的热情，他们还建立起了自我意识，也许正是因为这些，家长们才对这一方案产生了绝对正面和积极的反响；才能形成被罗素称为"家长和学校的关系大有改善"的氛围。罗素提到："联系方案"的家长顾问委员会、我们举办的家长信息交流会、邀请家长拜访顾问团，这些都成为沟通家长和学校之间的桥梁。确切地说，每当我们准备放弃方案时，是家长们拾起火把指引我们继续前进的。

我们还又一次发现多彩光谱方法在教师中产生的极为深远的影响，就像给了他们一块透镜，使他们将所有的学生都看成是具有学习和成长潜力的才华横溢的个体。如奥布莱恩在最后一次会谈中提到的：

"我再也不会用以前的方式来看待孩子了……这对我太有启发了，我以前从来没有察觉到孩子们数学、英语和阅读以外的能力……我从来没有想过他们拥有机械才能、运动才能或者音乐才能，其实这些才能就在这儿，在教室里。"

而且，校长还说，联系方案使她确信这些才能的确是智能，而不是装饰品。"我一直有一个根深蒂固的观念，认为除非孩子表现出发展水平较高的数理逻辑和语言智能，否则他就是不如其他孩子聪明。而现在我很清楚地看到，并不是这么一回事。"

教师认识到需要给孩子足够的时间去尝试不同概念和材料。他们计划花更多的时间开展各领域的开放式的各种"折腾活动"(messing about)。奥布赖恩说，看到孩子们在不同活动中表现出来的智能强项和极大的兴趣之后，她的教室里再也不能没有故事区和拆卸区了。

在影响教师教学实践和思维方式方面最具吸引力的是对儿童密切的观察（观察着重辨别儿童的智能强项或兴趣）。史迪斯和奥布赖恩认为，必须要有丰富的教室环境，才能引发具有价值的观察信息。两位教师都在教室里做了改动，以适应教学实践的改革：他们运用灵活的课余时间建立学习区；腾出地方展示孩子们的作品；并且改变教室布局，使之更利于合作和小组活动。

(三)以领域为基础的顾问团面临的困难

到现在为止，可能有读者会问是否存在不利于顾问团项目"联系方案"实施的因素。就这项方案带来的好处和乐趣而言，我们会热情地鼓励和支持类似的尝试。然而，要没有问题也不可能。最麻烦和复杂的问题之一，就是三位顾问团成员的缺席。

其中一位连续五周没有到学校来，只好由多彩光谱项目组的另一位成员替代。还有一位连续缺三次课，导致孩子们询问他是否还会回来。尽管多彩光谱的成员和教师补了缺，但他们毕竟不具备那些顾问在某个领域具有的实践经验。而且，我们也不够"特别"，不像顾问那样都是生面孔。如果他们不能来，我们的补缺也无济于事。

显然，出勤率问题告诉我们，要进行这样一个方案，顾问团成员的承诺、责任和义务必须明确地提出来，这一点非常重要。申请表的条目必须写明，每周出席是这项方案的关键，如果不能保证做到，不签协议则是更明智的决定。鉴于此，我们的方案将邀请这些不能每周都出席的人士作为特邀嘉宾作一次性的或非经常性的来访。

另一个困难是，方案中强调顾问团成员必须是某领域的专家和教师。我们料想到请这些非教师人士一周担任一次教师角色会有些困难，因此，我们建立了一个支持系统贯穿于整个方案之中，如培训会议、每周电话会谈、活动及教学建议等。该系统在帮助顾问团成员设计、组织适宜而有意义的活动方面起到了非常重要的作用。但是，对有些顾问团成员而言，每周当一个小时的教师，仍然是很大的挑战。

这两个主要问题（顾问团成员的缺席情况和顾问团成员担任教师的困难），与培训有一定关系。在建立一个顾问团的团队合作、介绍学生和学校、分享关于儿童行为和发展的信息等方面，培训是关键。然而，如果我们可以再来一次的话，我们会更强调时间保证的问题，而且是更严肃地强调这一点。我们会以更正式的方式签订关于每周出席的协定，也许会动用书面协议，而且每次会议都聚焦于教学。

每个优秀的教师都知道，一个人不是简单地走进教室，然后就能教得好。由于方案中培训时间有限，我们也不清楚培训到底能在多大程度上给予顾问团成员帮助。然而，我们确实明白，在帮助这些顾问上课方面，还可以做得更多、配合得更好。

总而言之，像"联系方案"这样的项目要求有一批信守承诺的人——顾问团成员、教师，我们建议还得有一个协调人。多彩光谱的研究人员为这个"联系方案"承担了援助和协调的角色，对顾问团项目的运作起了关键作用。寻找、筛选、培训顾问团成员，为他们提供支持，联结学校和社区，协助完成工作现场参观和特殊事件，这些都是很花费时间的。选定一个协调人，对于建立任何一个像"联系方案"这样的项目而言，都是必不可少的。

（四）达到高潮的联系方案

所有曾经全身心地投入"联系方案"的人——顾问团成员、教师、父母、多彩光谱研究人员，当然还有学生——在学年末聚到一起，分享和庆祝他们的成果。虽然有时略带羞涩，但每个小组都很自豪地和大家分享过去几个月里他们的新发现和产品。

约翰逊小组展示了他们从自己拍摄并冲印的照片中（相机是他们自制的）获得灵感而创作的随笔，还谈到了他们为了掌握摄影技术和艺术技巧所做的尝试以及遇到的困难。里德小组使用以钥匙制作的类似编钟的乐器和其他一些自制的乐器表演了一段歌舞。"电视艺术工作者们"播放了他们摄制的录像带，内容是舞蹈、歌唱、视觉艺术和制造工艺方面的介绍。

运动组与大家分享了他们在两个班级策划并成功举办"小型运动会"的录像。城市设计组举办了"我最喜爱的地方"制作模型展览会，作品包括一家艺术展览馆、一所学校、一间教室、一个专家办公室和一个杂技场，同时他们也能轻松自如地谈论比例、设计和构造之类的问题。

这使我们想起方案实施前与孩子们的面谈，那时大多数孩子表达的职业理想都是电视吹捧的那些，包括"消防员""警察"之类的，甚至"超人"。现在，"摄影师""电视制作人"和"设计师"已经取代了它们。

卡莎（Kaisha）说她想成为一名"电视制作人……因为你能制作各种各样的电影……如果你到学校去，也能教孩子们用［摄像机］"。胡安（Juan）想成为摄影师，因为"你能拍岩石和院子的照片，而且你不必担心［照片］印不出来……因为你知道该怎么做"。城市设计师小组的詹姆斯说，他想成为一名艺术家。他母亲说道：

"他对艺术和设计工作产生了浓厚的兴趣。还把教室模型带回家，谈论模型，谈他为什么这样设计，谈他的顾问、工具，还有那次参观……关于职业和工作，他看到了大部分孩子没有看到的一些独特的东西。"

我们很高兴看到孩子们在职业理想方面发生的变化，我们高兴，不是因为他们改变了原先的想法而加入到摄影师、音乐家和设计师的行列，而是因为孩子们显然已经看到并体验到了自己未来发展的非常真实的可能性，这种可能性可能是他们以前根本没有想过的，而且超越了电视给予的那些模糊的、不真实的、千篇一律的模式。在顾问团成员的友谊和帮助下，通过运用真实的工具，学生们开始意识到自己的能力和兴趣所在，而且这些能力和兴趣可以使他们在成人时能够为社会做出切实而重要的贡献。

"多彩光谱联系方案"的最后一天，我们所倡导的"联系"已经很清晰了：

儿童和专家之间的联系、学校和社区之间的联系。对于儿童而言，他们也在建立联系，与他们所喜爱的人或物、与学校围墙外的生活之间建立联系。

"联系方案"作为多彩光谱的最后一个阶段，给该研究画上了一个感叹号。我们不能确定地说自己已经回答了所有问题，也不敢说我们已经穷尽了理解和应用多彩光谱的所有做法。但是，可以肯定的是，"零点项目"作为一个组织正朝着一个不同的方向转变，开始与学校和学区合作。要想使我们有关教学及教学实践的理念得到发展，就不能再仅仅依靠个别教师单独在教室里孤立地工作；而要不断地超越多彩光谱已经取得的成就和多元智能理论本身，去探索这一理论如何在更广阔的学校改革背景中适应其他重要的改革理念。从多彩光谱项目的研究过程中得到的经验教训，使我们提供给新合作者的档案资料中的重要内容，比如，"真正的面向所有学生的教、学与评估一体的团体"(ATLAS)，尝试设计一种从幼儿园直到高中的学校课程模式。

幸运的是，虽然我们在"零点项目"中遇到过困难，但多彩光谱项目的研究工作一直在前进。它在全国各地的教育实践工作者的领导下继续着不断质疑和求索的历程。

参考文献

Abell Foundation，Inc.（1989a）．*Mentoring manual：A guide to program development and implementation*．Author：Baltimore，MD．

Abell Foundation，Inc.（1989b）．*The two of us：A handbook for mentors*．Author：Baltimore，MD．

Comer，J.P.（1980）．*School power*．New York：Free Press．

Damon，W.（1990）．Reconciling the literacies of generations．*Daedalus*，119（2），pp. 115-140．

Gardner，H.（1991）．*The unschooled mind*．New York：Basic Books．

Gray, J. & Viens, J. (1994, Winter). The theory of multiple intelligences: Understanding cognitive diversity in school. In *National Forum*, 74(1), pp. 22-25.

Heath, S. B. (1983). *Ways with words*. New York: Cambridge University Press.

Jacobs, H. H. (1989). *Interdisciplinary curriculum design: Design and implementation*. Alexandria, VA: Association for Supervising and Curriculum Development.

Katz, L. & Chard, S. (1989). *Engaging children's minds: The project approach*. Norwood, NJ: Ablex.

Kozol, J. (1991). *Savage inequalities*. New York: Crown.

Zimilies, H. (1987). The Bank Street approach. In J. L. Roopnarine & E. Johnson (Eds.), *Approaches to early childhood education*. (pp. 163-178). Columbus, OH: Merrill.

第六章 多彩光谱的不同实践 DUOCAI GUANGPU DE BUTONG SHIJIAN

马萨诸塞州格洛斯特小学(Gloucester)的教师们致力于改进他们的课程，旨在帮助儿童成为能在广阔的学科领域解决开放式问题的独立学习者。在马里兰州蒙哥马利地区(Montgomery)，一所包括托幼阶段和小学二年级的学校，来自不同文化背景的人们对"有天赋的人"和"天才"下了全新的定义，这一定义适用于那些语言技能并不出众的儿童。在长岛(Long island)肖汉姆河(Shoreham-wading River)的一所包括幼儿园和小学一年级的学校，当教师们努力发现儿童的智能强项，并运用其智能强项改善他们的学习机会时，他们对那些处境困难的儿童有了全新的认识。华盛顿西雅图的一位教师将所有智能整合到他的课程计划中，从而在他带的3～5年级的混龄班里激起了全新的学习热情。

诸如此类关于学校领导和教师如何在学校和班级里运用多彩光谱方法的例子不胜枚举，这些只是其中的一部分。与前面几章所谈论的项目不同的是，这些尝试并不是由多彩光谱研究项目直接发起的，而是一些实践者在听到或看到有关多彩光谱项目的研究后独立进行的改革尝试，他们只是偶尔向多彩光谱项目成员寻求咨询。

基于我们的调查及从会议和参观学校过程中所获得的信息，估计全国共有200多所学校和班级正在把多元智能理论和多彩光谱实施模式整合在一起应用于教学实践中(Harvard project Zero，1995)。这些学校没有一个是多彩光谱项目的实验点，它们或公立或私立，但和全国成千上万的学校一样，面临很多问题，同时又富有梦想，而且他们实施多彩光谱的方式也各不相同。

零点项目正在努力拓展为学校提供服务的范围。我们已经建立了基于互联网的网络工作系统，教育家们可以通过网络预约、商务通信和网上讨论会交流他们正在思考和学习的相关主题。我们也正从周边地区的学校收集资料，遴选那些成功地将多元智能理论运用于实践的优秀案例。

在本章，我们将考察四个实验点，探讨他们运用多彩光谱的观点解决具体问题或丰富他们的教育方案时采用的不同方法。我们将通过他们的经验总结出一些成功应用多彩光谱方案时最为关键的普遍因素。

一、 布鲁斯·坎贝尔： 改进课程帮助每一个儿童成功

一般说来，我们相信通过合作实施多彩光谱方案会取得最佳效果，可以是学校一组教师之间的合作，也可以是全校性的合作，我们甚至希望有一天能实现整个学校系统的合作。但也不乏这种情况：单枪匹马的一个人，却对学生的学习产生了巨大的影响，布鲁斯·坎贝尔（Bruce Campbell）就是其中一例。他是一名教师兼顾问，在华盛顿西雅图的马里斯威尔（Marysvile）学区带的 3～5 年级的混龄班中尝试运用多元智能理论改变课程的呈现方式。他说，如果能够联合同事们的力量，改革会进行得更加容易、更加彻底。遗憾的是他所在学校的校长和其他教师对这一新方案尚不感兴趣，但他不能等到改变了他们的思想之后才开始行动。

(一)学习区和项目

坎贝尔在 20 世纪 80 年代中期读过加德纳《智能的结构》一书，后来又参加了加德纳在纽约塔利顿（Tarrytown）举办的演讲会。加德纳的观点深深触动了坎贝尔，他意识到，他的班上反应最迟钝的学生也许并非注意力不集中，也不是不听话，更不是学习障碍。也许他们仅仅需要通过不同的方式进行学习。

"星期四晚上，我坐在床上，脑子里浮现出教室里的 7 个学习区。"坎贝尔说，"第二天我和学生及校长讨论了这件事情，整个周末，我都在学校布置教室。我的第一次实验将从星期一早晨开始。"

坎贝尔保留了他一贯使用的主题单元教学法，又尽量用能反映 7 种智能的方式呈现每一个关键概念。每天的教学活动开始时他都先用 15 分钟呈现要探索的核心主题。接着让那些一起参加小组学习大约一个月的学生，用 2～3 小时轮流在 7 个不同的学习区参加那些从不同切入点达成课程目标的

活动。

例如，要进行一个光合作用的主题单元，学生可能会阅读或者写一篇描写光合作用的文章（语言智能）；用水彩画一幅光合作用过程的画（视觉艺术）；创作一首反映光合作用步骤的歌或曲子（音乐）；绘制一幅反映光合作用过程的图表或者时间表（数学）；表演一个呈现光合作用的舞蹈或运动（身体运动）；小组讨论叶绿素在光合过程中的作用，并与他们自己生活中的变化做比较（人际关系的理解）；写一段反映自己变化经历的日志，并将它与光合作用进行比较（自我认识）（Campbell，Campbell & Dinkinson，1996）。之后，学生还可以组成小组一起唱歌、跳舞，分享他们制作的模型和其他作品。

他说："起初，我只进行一些实践的（hands-on）、互动的、有趣的、但未必一定有意义的实验性活动。"随着时间的推移，他可以开展一些能够促进学生理解主题的学习活动。例如，他可能会让一个正在画蝗虫示意图的学生考虑蝗虫吃东西时嘴、腿跟食物之间的关系及身体的移动方式。

坎贝尔班里的学生在下午进行方案学习，他们可以自由地选择活动主题，自主决定以何种形式（如模型制作、表演、唱歌、讲故事、游戏等）呈现发现的结果。他们可能会花 3～4 周的时间进行研究，并做好向全班同学展示的准备。面向公众的展示是这些方案中非常有意义的一个环节，因为它要求儿童阐述他们对正在进行的主题的理解，讲述该工作的重要性。这可以发展儿童在整个项目活动中需要的社会技能和语言技能。

"尽管学习区是有结构的、有教师的指导，但学习方案却是以学生为中心，是学生自己指导的，具有开放性。"坎贝尔解释说，"学生自由选择的机会很多，因此参与的积极性非常高。我看到他们在自己的智能强项领域工作，并在学习区运用已经习得的技能。"

（二）社会动态的变化

通过帮助儿童发展自己独特的学习策略，坎贝尔挽救了那些差点被排除出教室准备接受特殊教育的学生。他说，通过评估和识别这些儿童的智能强项，教师可以改变同伴对他们的态度。多元智能理论提供了一个在班级中改变传统社会阶层观的方法，创造了一个所有的儿童都可以成为领袖的环境。语言和数学智能出众的儿童不再被视为唯一的成功者；在一些诸如张贴海报、绘图、戏剧表演、唱歌、模型制作以及其他展示活动等合作性方案中，"音乐家""艺术家""谈判手"都受到高度的欢迎。

坎贝尔讲述了理查德的故事。理查德是一个接受特殊教育的学生，三年级了，但几乎还不会阅读。一天，班里的一个同学跑到坎贝尔身旁要他去音乐区。结果，坎贝尔看到理查德正在音乐区指挥全班同学演奏他刚刚创作的一段旋律，这段旋律包括三部分，其复杂性甚至超过老师的创作。在接下来的每一天都能发现理查德具有音乐天赋的证据，但在此之前这一天赋从未被他的家长和老师注意到。他开始交朋友，年底时他还组建了自己的乐队。

坎贝尔对理查德进行了一个月的持续观察，发现理查德在看书时常常用脚轻敲地板，或轻轻摇摆身体。理查德进步的原因可能有许多，如自信心和自尊心的提高；教师较高的期望；来自同伴的接纳感促使理查德能接受新任务；当然也可能是巧合。但是坎贝尔却更赞成另外一种解释：理查德学会了如何利用自己的智能强项——对韵律的敏感性，来应对其他领域的挑战。

毫无疑问，坎贝尔已经在运用多元智能理论以全新的眼光来看待像理查德这样的儿童。坎贝尔说："我认为每个儿童都能取得学业上的成功和进步。"坎贝尔在一篇名为《儿童教育》(1992)的文章中指出，在他实践多元智能方案的最初 4 年里，每一个儿童都能找到其获得成功的领域。

坎贝尔还讲述了其他支持多元智能观的学习结果。曾经被贴上有行为问题标签的学生在进入学校的头 6 周里就表现出飞速的进步，并逐渐可以对他的小组有所贡献，一年结束的时候已经能担任非常有建设性的领导角色。学生既是学习区合作小组的成员，又是自己研究方案的发起者。他们在自己的学习中承担了更多的责任。一些儿童说他们第一次觉得学校生活如此有趣。在班级的测评以及标准化测验中，儿童的学业成绩也都有了进步。例如，一个班级在 1988~1989 年的加利福尼亚学业成绩测试（CAT）中，所有领域的测验分数都高于本地区和本州的平均分数（Campbell，1992）。当坎贝尔的班级在 CAT 测验中连续数年保持了高于平均分的势头时，原来持怀疑态度的校长也成了坎贝尔有力的支持者。

除此之外，运用多元智能理论也促进了坎贝尔作为一名教师自身的成长。当学生能深入地参与到发现过程中并能畅所欲言地表达自己想探索的主题时，坎贝尔明白自己的角色应从一个指导者转变为一个促进者。尤其是在实验的最初几年，他发现在他以前没有教过的学科领域设计活动是一个很大的挑战。他开始在寻找学科专家帮助的过程中寻求艺术、音乐以及体育教师的帮助。当整个学校接受了多元智能的方法时，合作就会自然而然地发生，合作有利于学生，也有利于教师。

坎贝尔已经花了许多年的时间来完善他自己建立多元智能教室的方法。他出版了关于主题设计的书籍和录像带，同时担任自己学区和其他学区的顾问。他更喜欢尝试将 7 种智能整合到每一门课程中，力图保证呈现的材料能为全班每一个儿童所用。除此之外，他还认识到，运用不同智能进行一项活动可以促使学生在新的情境中应用信息，同时加深学生对主题的理解。

然而，必须再三指出，提出多元智能理论的目的不应该仅仅局限于理论本身，而应该致力于促进教育目标的达成。坎贝尔和萨莫威尔市班级使用的学习区的方法并不是应用多彩光谱方案或多元智能理论的唯一方式。比如，零点项目的研究者最近对这样一个观点感兴趣，即以多元智能为辅助手段帮助学生加深对一些关键概念的理解。在高中阶段，主题可能包括"进化"或者"大毁灭"；在基础阶段，主题可以是"社区"或者"水循环"。当学生从不同的角度把握同一个主题并使用不同方式描述他们对主题的理解时，多元智能就可以作为补充手段，而不应该仅仅用来完成一些既定任务。

下面我们将举几个运用多元智能理论的实例，他们或采用主题方法或采用项目方法。我们还将展示不同年级的教师通过合作取得的成果。

二、　福勒学校：　新的评估促进课程改革

在马萨诸塞州格洛斯特郡的福勒学校（Fuller School），教师自愿参加了实践多元智能的"校中校"计划。福勒学校是一个从幼儿园到小学五年级的初

等学校，有 10 个设施完备、服务于有严重身心残障儿童的班级。共有学生约 800 名，一支由约 70 名教师和 20 名辅助性专业人员组成的教职工队伍。

格洛斯特是一个美丽如画的港口社区，距离波士顿 45 分钟车程，由于联邦政府颁布关于捕鱼的禁令，所以当地正采取积极措施保护因过度捕捞而濒临灭绝的鱼类。这里的居民经济收入差异很大，有律师、医生、教师以及渔民，还有在当地鱼类加工厂工作的工人。福勒学校的许多学生来自经济状况较差的家庭。尽管几乎所有的学生都是白人，但人种差异又很大，相当数量的学生是第一代葡萄牙和西西里移民的后裔，他们在家里不讲英语（该镇大约 8％的学生把英语作为第二语言）。

多元智能理论/多彩光谱的方法在福勒学校的实践要归功于其前任地区负责人——威廉·李尔瑞（William Leary）的推动。李尔瑞博士在 20 世纪 80 年代后期对多元智能理论产生了兴趣，因为多元智能理论提供了一个支持他信念的理论框架，即所有儿童都应该找到成功的方式，教育应该为每个人提供追求自己兴趣并最大限度地发挥自身潜能的机会。福勒学校因罗恩·埃克尔（Ron Eckel）校长的热情和拥有高素质的教师队伍，被选出来进行实验项目。像李尔瑞博士一样，福勒学校的许多教师和行政工作者都感到多元智能理论和他们现存的理念和实践非常一致。

(一)评估引起课程观和学生观的新变化

福勒学校的多元智能实验方案从幼儿园开始。首先，3 名幼儿园教师和 2 名特殊教育教师组成一个小组，通过会议研究运用多彩光谱评估工具的方法。20 世纪 90 年代初，小组成员参加了多彩光谱项目专题会上为期两天的在职培训，学习如何使用改进了的多彩光谱领域活动（Modified Spectrum Field Inventory，MSPFI）。MSPFI 是艾略特—皮尔逊幼儿园（见第二章）所使用的多彩光谱评估工具的简化版，旨在测量幼儿园和一年级儿童不同的认知能力，不在学前班儿童中使用。

9 月份评估方案开始实施。事实证明评估过程确确实实能帮助多元智能组的成员为每一个儿童绘制一个更加详细、更加完整的智能结构图。但是，根据一名幼儿园教师的经验，也存在一个值得注意的问题："为什么一些儿童在被叫到回答一个开放性的问题或解决一个问题时会感到害怕？"经过讨论小组的教师认为，儿童的恐惧表明课程中存在问题。另外一名教师说："我们的课程从来没有让儿童解决任何严肃的、跟生活有关的问题。""我们的课程总是要儿童像我们一样做事，'要这样做'。如果不改变课程，我们不会在儿童身上看到任何变化。"

接下来的几年里，实验项目的教师们致力于课程开发——以多元智能理论为中心进行设计、实施、修订和重新尝试。经过几年的实验，福勒学校多元智能理论实验小组的老师们经过总结认为多彩光谱的课程必须具有以下特征：①课程覆盖多个领域的学习，在对儿童有意义的情境中教给他们基本技能；②课程以过程为导向，以活动为基础，可以通过一系列不同的方式进入，或与不同的教学策略相结合，如主题单元、方案和学习区；③能在一个广阔的领域(Fuller School，1995a)中以多种方式对儿童的认知和行为进行评估。

和多元智能实验小组一起工作不仅会使教师以一种全新的眼光看待课程，甚至会影响他们从课堂组织到评估策略的所有实践活动(表 6-1)。例如，在幼儿园，三名教师一起设计能够引发所有儿童多种智能的主题单元。教师小组联合对儿童进行教学。每名教师负责以两种智能形式呈现该主题，语言智能贯穿其中。每周有两天，儿童要分别在另外两个老师的教室里学习半个小时。

表 6-1　多元智能老师的自然课程

> 步骤1　学生参加教师指导的活动。这些活动以已有的方法和指导为基础，比如全语言观、竞赛的方式、写作过程、数学之路(math their way)、目标(AIMS)，以及已经建立的数学课程和阅读系列，包括 Dalcroze 和 Orff。
>
> 步骤2　教师把学习看作是一个连续发展的过程而不是一些抽象的、零碎的技能的获得。在步骤1的基础上，把一些概念整合到活动中，广泛满足学习者的需要。
>
> 步骤3　教师开始围绕多元智能理论设计学习活动。这一步通常以教室为学习社区，实施合作学习策略。教师之间互相联系、交流观点并围绕识别智能强项及学习风格的教学活动进行合作。
>
> 步骤4　教师开始运用照片、日记、录像带、文件夹、录音带以及调查表等方式来记录多元智能活动。当识别出学生智能强项领域的时候，他们会恍然大悟，"啊哈，

续表

原来如此"，我们称之为"啊哈"(aha)时刻。教师经常和同事交流他的"顿悟"。教师通过每个儿童的智能展示评价他们的学习过程。

步骤5　学习更加以学生为中心。教师帮助学生变得更加主动。学生逐渐清楚地意识到自己的学习过程，并在不同智能领域独立体验自己的"啊哈"时刻。教师以更大的热情考察对学生的期望与课程是否相适宜。

步骤6　教师加深对所选择的学习策略和评估策略的理解。对更加个别化的评估加以记录。这一步骤可以从一个具体的智能领域开始，并通过合作取得专家和其他同事的支持。这是一个互动的过程，这一过程中专家可以通过带班教师对儿童表现的记录进行评估。

步骤7　教师开始参与小组活动或集体活动，在方案的决策过程中起到更加积极的作用。这一行动也可以出现在上述各步骤之中。

摘自 Fuller School *What's a Natural Course for MI Teachers*. Gloucester，MA：Gloucester Public Schools. ⓒ 1994 Multiple Intelligences Program，Gloucester，MA：Gloucester Public Schools

例如，在一个关于选举的主题单元中，一名教师让儿童考虑：为虚构的候选人(一只狐狸、一只河狸和一只熊)创作竞选歌要包括哪些要点，通过这样一个问题来帮助儿童了解政治竞选的过程。另外一名教师鼓励儿童制作一张竞选的海报并用纸浆制作一个候选人的模型。儿童还可以编一些竞选的口号和演讲稿，这些活动要求他们熟悉不同动物的特征，同时训练他们的语言技能。为他们所选择的候选人记好选票之后，儿童们要把结果制成表并加上图解，此为数学练习。

和坎贝尔一样，福勒学校的老师设法帮助儿童为自己的学习负责。在提出一个新主题时，他们经常要儿童建议一些可以用多元智能进行探索的活动。这一过程不仅使课程对儿童非常具有意义，同时也能让教师知道在正式学习开始之前儿童们对主题了解多少。在我们参观一个实验点的过程中，多彩光谱项目的成员观看了一年级和二年级的儿童以小组形式在一起用头脑风暴法学习一个关于友谊的主题单元的过程。

正如新的儿童能力评估方式促进了课程改革一样，课程改革又反过来促使教师思考用新方法评估儿童已经学到的东西。史蒂文·塞德尔(Steven Seidel)是参与零点项目的研究者之一，在他的帮助下，格洛斯特的教师形成了一套帮助学生反思自己学习的方法(Fuller School，1996)。

在一本关于福勒学校多元智能项目的名为《实践操作》(hands on)的书中，五年级教师谢丽尔兰·帕克(Cherylann Parker)举了一个关于评估过程的例子(Parker，1995)。她的班级把世界大战作为社会领域的课程进行了研究。玛格丽特和阿拉西表演了他们创作的一首配舞诗之后，一名学生促进者用全班同学在早些时候提出的问题向他们提问，促使他们对自己的学习进行反思。"哪些是本项目(project)最容易的部分？为什么?"他问道，"哪些是本项目最困难的地方？为什么?""哪些部分你们觉得还不是最好的?""如果下次想做一个更成功的项目，你们还需要做些什么?"

这位促进者接着转向所有的听众，要他的同学指出本方案最成功的地方并提出有意义的改进建议。为了回答这些问题并评价别人的项目，学生必须认真思考：究竟什么样的项目才是"好"项目。

福勒学校的教师一直致力于开发能在广阔领域里反映学生智能强项的评估方法。他们寻找更好的工具，以更加完整地描述儿童在达成课程目标时使用的不同方法，包括儿童的参与水平、兴趣水平，以及不同领域的技能和知识水平。为此，他们制作了多元智能报告卡，放入学生的文件夹并拟订了相应的评价标准，并鼓励上述的合作性评估。这种工具除了能反映学生个人的成就之外，也为日后设定课程目标和评价教师的教学方法提供了有用信息。

(二)合作和反思：成功的关键

和任何改革一样，采用多彩光谱方法犹如踏上了一条未知的旅程，其间充满了曲折和困难。福勒学校的尝试也不例外。当多元智能小组的成员努力进行改革，不断完善课程内容并改进教学策略的时候，方案极大地引起了公众的关注。新闻记者、电视摄影人员以及来自全国不同地区的人士纷纷来此参观取经。

多元智能方案大受关注尽管令人振奋，但也造成了学校内部多元智能派和非多元智能派之间关系的紧张。除了幼儿园，每个年级都建立了多元智能班和非多元智能班(1997年7月，一年级所有的教师都志愿参加了多元智能小组）。"当然，他们（多元智能小组教师）是特殊的"，一位非多元智能的教师大声表达他的不满，"瞧，这些参观者来这儿了。他们路过我的教室，吵吵嚷嚷地走进隔壁多元智能的教室，好像我的学生不值得注意，我的工作不值得表扬。"还有一些教师似乎误解了多元智能方案，不明白多元智能是为儿童提供可选择的方式以帮助掌握必要的技能。"这不过又是一阵风，"一位教师说，"谁有那些时间？我们有满满一教室的优秀学生，他们需要学习基本知识。"

人事变动给福勒学校多元智能方案的实施造成了另一个严峻挑战。1993年，在多元智能方案仅仅实施了三年之后，地区主管、学校校长和校长助理都走了。作为多元智能理论发起之初有力的支持者，这些领导者的离开给多元智能方案的继续实施产生了巨大的影响。而且，福勒学校多元智能小组的成员也每年更换，一年之内，14个班级中新教师就有4个。尽管新老师可以带来新思想，但他们同时也需要大量的培训和实践才能熟悉这一方案的理念并自如地运用，而培训和实践都需要花费时间，因而常常减慢了方案的进展速度。

福勒学校的教师如何应对这些挑战并解决这些不可避免会产生的问题？曾任多元智能方案协调员、后担任一所中学音乐教师兼费城地区教育顾问的比尔·布伦斯（Bill Bruns）说："我们有一个有力的工具，即随时随地的讨论和反思，以及成员之间的合作。"福勒学校的教师认为，在把多元智能方案运用于社区并根据实际需要改进教学策略和教学程序方面，他们走在前面。多元智能方案小组的教师利用开会（如每周一次的年级会、主题会、年度总结会）集思广益，创造适合福勒学校自身文化的模式。每周的小组会不仅分享积极有效的教学策略和课程观点，也为教师营造了一个安全的氛围，使他们能勇于承担风险、敢于尝试不同方法，并对自己和同事的工作提出批评性的建议。

到1998年，福勒学校多元智能方案的实施已有8年。最初只有3名幼儿园教师和70名儿童参加该项目，而现在参加多元智能方案的人数增至400名，涉及从幼儿园到五年级共16个班级，约占总数一半。他们对来访的多彩光谱小组教师所说的话显示了他们对多元智能方案的极大热情。

"不是教师把纸放在你的桌子上告诉你：你要去做。游戏和方案本身就会让你自己想去学习更多的东西。"

"我们会思考很多。我们一直在思考家庭作业，就像我们编游戏一样。"

"我们有了合作伙伴，我们能在方案中互相帮助。"

"如果有小朋友作业碰到困难，我们会齐心协力帮助他，因此没有一个人会落后。"

"我们学会了在工作中获得乐趣。"

学校管理部门对参加多元智能方案的儿童家长的调查表明，家长热烈支持这一方案并且愿意此方案继续实施（Fuller School，1995b）。92％的家长认为他们的孩子度过了成功的一年；96％的家长表示他们的孩子喜欢这一方案；82％的家长说他们的孩子掌握了本年级的基本技能；最后，80％的家长说他们的孩子自从参加多元智能方案后，形成了很好的解决问题的意识。

福勒学校在方案实施的几年时间里，除了儿童的学习热情不断增强之外，参加多元智能方案的学生在标准化测试中的得分并未显著高于非多元智能组的学生。但福勒学校多元智能小组的教师对这一结果并不感到惊奇，因为标准化测试并不是专门用来评估多元智能方法的学习结果，如信心、合作、自我表达，以及批判性和创造性思维。为了确认方案是否具有长期效果，格洛斯特的行政负责人计划对第一批参加多元智能方案现已升入中学的学生的学业成绩进行追踪研究。

三、 蒙哥马利丘陵小学： 天赋的多样性

蒙哥马利丘陵小学（Montgomery Knolls）包括从学前班到二年级，坐落在马里兰州的西尔弗斯普林（Silver Spring），隶属于马里兰州公立学校系统，是一所非常受欢迎的学校。该校为多种残疾儿童提供开端计划和学前方案，拥有近380名学生和26名带班教师及20名辅助性工作人员。

该校的学生来自低收入家庭及中产阶级职工家庭。1995～1996年，48％的学生被获准免费入学或者减免午餐费，9％的学生把英语作为第二语

言。少数民族的学生占 72%，其中 39% 的学生为非洲美国人，19% 来自西
班牙，13% 来自亚洲国家。

1990 年和 1992 年，蒙哥马利地区公立学校得到来自雅各布·K. 贾维
茨(Jacob K. Javits)天才学生教育项目三年的特许权，贾维茨项目专门为识
别那些天才儿童而设立，他们的智能强项往往由于其不利的经济地位、有限
的英语能力或发展差异而被掩盖，难以通过传统的评估方法识别出来。

在这一方案的实施过程中，该校的教育实践不断进步。例如，以主题为
基础组织课程，采用了学习区的方法，强调儿童的全面发展，因此，地区对
蒙哥马利丘陵小学予以资助，帮助其发展"早期儿童天才模式方案"。由于多
元智能理论建立在心理学和神经学数据的基础上并支持这样一个假设，即儿
童可以通过不同的方式展示自己的智能，因此方案的管理者选择了多元智能
理论作为其理论指导。多彩光谱提供了不同领域智能展示评估工具的范例，
他们拟以多彩光谱为最初模式，并在此基础上做进一步的改进。

与福勒学校"校中校"的方案有所不同，蒙哥马利丘陵小学的所有教师都
期望把多彩光谱的观点运用于他们的教学实践中。另外，全校所有学生都参
加了方案。然而，以什么标准，在哪一领域判定哪些学生是天才或具有天
赋？对这一问题，蒙哥马利丘陵小学的老师感觉仍然没有十分清晰的把握。
他们打算为所有的儿童提供丰富的经验，了解每个儿童拥有的不同智能强项
和不同智慧潜能。

(一)对天才的全新定义

蒙哥马利丘陵小学的老师面临的第一个挑战性问题是如何界定天才的概
念。正如我们在本书第一章所讨论的，传统的教育学家把智能或"天才"等同
于智力测验中的成绩，而这种测验实际上是以学生的语言能力和数学逻辑能
力为中心的。事实上，在 20 世纪 90 年代早期，蒙哥马利地区也曾使用标准
测验来选拔天才学生，通过测试的学生才有资格进入特殊学校或接受特殊
教育。

蒙哥马利丘陵小学的老师担心文化和语言方面的障碍会使某些学生在测

试中被淘汰因而不能接受天才教育。经过诸多讨论，老师认为："文化价值
和语言差异不是，也不应该是决定一个学生是否是天才的因素。但是，它们
可以影响天才的具体表现方式。我们应当尊重、珍视和颂扬我们学生不同的
文化差异和语言差异，要做到这一点，我们必须找到非传统的评估策略来识
别学生的不同天赋。"

　　在贾维茨基金会的赞助下，学校聘请了两名专家设计、改善新的评估工
具。这些专家已经熟知多彩光谱项目并在自己的工作中实践过这一模式。
1991年，在多彩光谱项目成员的帮助下，他们在学校举办了一系列专题培
训会。培训至少通过两种方式影响了早期儿童天才方案最初的发展。首先，
使具体领域的观察成为每个教师的普遍实践。"我们不再用一般性术语说这
个儿童好或有问题，"幼儿园教师克伦·巴尔曼（Karen Bulman）说，"现在，
当我们深入到具体领域观察儿童的表现时，经常会发现一个儿童在某一个领
域可能非常突出，但在另一个领域却可能表现平平，而再换一个领域则可能
相当薄弱。"具体领域的观察可以帮助教师更好地理解学生以及他们特定的
智能强项和弱项。

　　其次，通过多彩光谱的评估活动方案，专家回答了教师在对个体儿童进
行观察时所产生的问题或假设。这类评估活动包括公共汽车游戏（涉及心
算）；装配活动（活动在第二章里描述过，需要儿童拆卸并组装一个食物研磨
机）；教室模型（鼓励儿童描述教室里所发生的事情的社会理解活动）等。

　　此后，教师开始将日常事件视为了解儿童的机会。例如，做过两年教师
（现任地区I号方案培训教师）的卡罗尔·希尔顿（Carol Hylton）讲道，一次，
一个削笔刀卡住了，她抓住这个机会问谁愿意试着修好它。一个刚移民过来
的几乎不会讲英语的学生查柯（Chuck）自信地接受了任务并且很快就修好了
削笔刀。为了进一步证实希尔顿的观察，一名方案专家对多彩光谱的装配活
动做了修改让查柯来完成。查柯在拆卸和组装食物研磨机时表现出来的能力
让专家和希尔顿深感震惊。在一次教师会议上，希尔顿激动地说："我无法
相信一个旧的研磨机能让我如此深刻地理解一个儿童。"

　　蒙哥马利丘陵小学的教师根据本校情况对多彩光谱进行了改进，通过实

施对儿童有了更多的了解。卢皮（Lupe）是一名二年级的学生，在参加申请另外一所学校天才教育的智力测验中数学没有取得高分。然而，在蒙哥马利丘陵小学，她在西班牙版的公共汽车游戏中能正确回答每一个问题，在游戏中表现出对一些相当复杂的数学概念的理解。她会两种语言，但英语掌握得不是很好。她的老师总结说，不是数学理解而是语言影响了她在智力测验中的成绩。于是，他们就开始帮助她提高英语技能以使她能在一年之后进入天才班。

　　艾琳（Eileen）也是一名二年级学生，在数学方面有困难，但精于绘画、素描、装配，还有很强的社会技能。比如，在一个全班同学都参加的缝补被子的项目中，她甚至在自己还没完成的情况下就去帮助别人。只要可能，艾琳总会支持和帮助她的同伴，因此，她也总能在需要帮助的时候得到帮助。她十分清楚可以向班里的哪些人求助，教室模型活动中的得分证实了她在理解自己和他人方面卓越的能力。教师在艾琳的"观察卡"中总结了这一信息。观察卡是一种信息卡，教师在卡上记录了他们观察到的能够体现儿童特点的非常重要的信息，包括他（或她）与材料/人相互作用的信息。这些观察卡放在每个孩子的文件夹中，在开家长会和制订课程计划时可以参考。

　　有趣的是，教师越是激动于发现了儿童的非语言技能，他们就能越发积极地帮助儿童克服跟语言有关的不足。他们帮助那些在非语言智能方面有强项的儿童与外校老师进行交流，那些教师可能还不擅长于非语言智能的识别和发现。例如，一个有音乐才能的儿童如果能运用交流技能告诉老师："请听我编的曲子！"他的音乐才能也许更易显现。

　　蒙哥马利丘陵小学的教师开始在语言智能和每一项多元智能探索活动之间建立起联系，或者把语言能力融入其中，或者围绕多元智能活动开展语言活动。例如，在幼儿园，教师会在每项探索活动中留出 15～25 分钟的时间让儿童反思或者讲述他们一天完成的活动。在一年级和二年级，儿童常常用语言分享他们的作品，回答老师的问题，创作一首诗，记日记，或者做其他书面记录。教师以儿童在非语言领域的活动为核心，做了大量努力帮助儿童用口语或书面语的形式表达他们的想法、感情、行动。

(二)情境中的评估

早期天才儿童方案从 1990 年开始实施，已经过去 8 年多了。虽然贾维茨基金会已不存在，但是方案的初衷——识别并培养儿童不同的智能强项，已经融入到了该校的学校文化之中。举例来说，该校的教师编制了以 7 种智能为基础的"识别学习能力强项的观察表"(表 6-2)，每年为儿童填写两次，秋季和春季各一次。秋季观察旨在识别每个儿童的智能强项和弱项，并根据获得的信息制订课程计划。春季观察则旨在评价儿童在一年中的进步，并细察儿童当前的智能特征。事实上，如果教师能在教室里提供多种可能的机会发展儿童不同的兴趣和技能，一年之后学生就会显示出智能上的变化。

表 6-2　多元智能观察表

儿童姓名_____ 教师_____ 年级_____

11月的第二个 星期五记录	五月底记录	
		语言
_____	_____	1. 背诵诗歌、歌曲或故事
_____	_____	2. 独立发起谈话或讨论
_____	_____	3. 口头(书面)表达顺畅
_____	_____	4. 用多种方式描述一个物体或阐述一个想法
_____	_____	5. 乐于讲述背景知识和真实信息
_____	_____	6. 好提问
_____	_____	7. 虽然在家不用英语，但表现出学习英语的能力
_____	_____	8. 喜欢阅读
_____	_____	9. 使用高级词汇
		逻辑/数学
_____	_____	1. 解决问题的时候用数学思维交流非常容易
_____	_____	2. 喜欢心算
_____	_____	3. 能形成解决问题的策略
_____	_____	4. 能按顺序计划或描述事件
_____	_____	5. 对物体或图片进行分类
_____	_____	6. 喜欢并能熟练完成数字游戏
_____	_____	7. 熟练使用计算机
_____	_____	8. 喜欢问事物如何运作的问题

自我理解

1. 自我激励_____；独立的_____；
   有策略的_____

2. 自信

3. 表达自己的情绪

4. 有幽默感

5. 能自嘲

6. 坚持自己的信念

7. 敢于冒险

8. 集中关注某个主题或任务

9. 坚持完成自己选择的活动

10. 喜欢单独工作

11. 为自己的行为负责

12. 对自己的强项和弱项有客观的看法

13. 能够从自己的成功或失败中学习

14. 能创造性地完成任务

人际理解

1. 热情参与集体活动

2. 喜欢教别人

3. 别人喜欢做他的朋友

4. 喜欢和别人游戏

5. 喜欢与小组合作工作

6. 帮助调解冲突

身体运动

1. 喜欢角色扮演

2. 喜欢拆装物体

3. 喜欢通过触摸或探索物体的形状而了解事物

4. 喜欢运动

5. 能富有戏剧性地表达自己

6. 运动中表现出良好的协调性

7. 大肌肉动作有良好的协调性

8. 用肢体语言表达故事、诗和歌曲

续表

		空间智能
_____	_____	1. 能通过想象把事物组合成一个结构
_____	_____	2. 显示出对物理世界的良好理解
_____	_____	3. 经常拆卸、拼装物体
_____	_____	4. 善于安排、归类物体
_____	_____	5. 善于计划使用空间
_____	_____	6. 注意艺术品的相关细节
_____	_____	7. 喜欢智力游戏和迷宫游戏
_____	_____	8. 能从没有图片的材料中获得更多意义
		音乐智能
_____	_____	1. 能重复刚听过的歌曲或韵律
_____	_____	2. 喜欢编韵律、歌词或歌曲
_____	_____	3. 给熟悉的歌曲填词
_____	_____	4. 能跟上乐器的节拍
_____	_____	5. 喜欢弹奏唱歌
_____	_____	6. 一个人从事活动的时候经常唱歌或哼曲
_____	_____	7. 尝试让物体发出不同的声音
_____	_____	8. 能把环境中的声音转化为乐曲
_____	_____	9. 通过音乐学习基本概念

资料来源：蒙哥马利丘陵小学，蒙哥马利区公立学校

　　尽管观察学生在教室中活动的情况是教师评估的基本工具，但儿童本身也处在评估过程中。例如，儿童需要填写一份调查表列出自己最喜欢的活动和最擅长的活动。幼儿园的儿童使用四个评定等级（"所有时间""大部分时间""有时候""从不"）对自己在 22 个方面的表现做出评价，诸如，"我经常和别人交流自己的感情和思想""我喜欢一个人活动"，还有"我喜欢小组活动"。这些信息不仅可以帮助教师制订课程计划，还可以为师生交流会提供着力点。在师生交流会上，教师对儿童一年来在智能强项和某些领域的进步做出描述，并鼓励儿童对教师的描述加以补充或发表自己的看法。这样，儿童可以认识到评估不是对自己下的判断和结论，而是学习过程的一部分。

　　就像格洛斯特一样，蒙哥马利丘陵小学的教师开始尝试通过文件夹评估来捕捉儿童表现出的不同学习方式。一些教师使用录音带或录像带记录他们

观察到的学生在特定领域的智能强项或者弱项。还有一些教师收集了学生的绘画作品和书面作业，这些既可以作为教室日常观察的补充，也提供了对儿童在一段时间内发展情况的记录。收集和保存学生作业的过程也突出了作业本身的重要性，儿童的作业不是被随意地扔掉，作业一经完成，教师和儿童就可以根据他们的了解和对学科的了解重新对作业进行检查。

文件夹评估方式是蒙哥马利丘陵小学在贾维茨基金会方案的指导下建立的，后来成了阅读和语言艺术方案的有机组成部分。学校已经形成了自己的一套指导文件夹收集的方法(表6-3)。收集到的儿童作品来自许多不同的渠道，包括学生自己挑选的作品和老师推荐的作品，以及某个年级所有学生都要求完成的任务。蒙哥马利丘陵小学的文件夹常常从一个年级传到另一个年级，有时候甚至被送到儿童将要就读的下一所学校。

蒙哥马利地区对二年级(包括二年级)以上的学生仍然使用标准测试来选拔天才学生。该方案实施期间，蒙哥马利丘陵小学在这些正规测验中被鉴定为天才或有天赋的学生数也一直在增长。例如，二年级学生中被选拔出来的学生数从1988年的27%上升到1994年的51%。这一增长趋势表明教师或许已经找到了从儿童的智能强项领域通向纸笔测试所测查的语言和数学智能之间的桥梁。

表6-3 文件夹指导

幼儿园文件夹

Karen Bulman，Lori Skilnick，Mary Margaret Landers 和 Letitia Worthington 制作

- 多元智能检表
- 每学年收集三次儿童的自我描述(九月、一月、六月)
- 每学年至少收集三次写作样本
- 学生的成绩表(技能检表)
- 幼儿园所做的父母调查
- 每年至少收集三次图画/雕塑作品
- 拍摄的照片
- 任何能说明儿童进步及智能强项的材料
- 数学材料包括后续表、实践活动，以满足数学目标(全区标准)的教学系统
- 如果人手充足，教师帮助个别儿童制作自我报告卡，设定目标，制作文件夹进行访谈

续表

一年级文件夹
Barbara Williams，Susie Lively 和 Mary Michaels 制作

- 写作样品（文学作品）
- 绘画作品
- 任何跟个体智能强项有关的作品
- 同伴或家长反馈表
- 个人目标陈述
- 儿童或家长挑选的适合带到教室里的电子文件，包括与 7 种智能反思问卷相关的写作和绘画的复印件
- 解决数学问题的策略
- 儿童设计的作品的照片
- 评估表（教师的评价工具）
- 自画像（在学年初、学年中、学年末收集）

二年级文件夹
Patti Jones，Deborah Chapman 和 Velma Buckner 制作

- 自画像（在学年初、学年中、学年末收集）
- 自我评价报告卡（在学年初、学年中、学年末收集）
- 写作样品
- 目标
- 逻辑—数学试卷
- 活动的照片
- 专家评点
- 家长反馈表

资料来源：蒙哥马利丘陵小学，蒙哥马利区公立学校

四、布里亚克利福路小学：为不同学习者寻找最合适的方法

布里亚克利福路小学（Briarcliff Road Elementary School）坐落于长岛肖汉姆河校区，位于纽约东部约 80 英里以外。该小学多年以来一直把学生视为学习方式各异的不同个体，包括幼儿园和一年级的 188 名儿童，还有一个学前特殊儿童班。教职员工包括 10 名带班教师和一些专家，其中有专职的阅读、演讲和资源管理教师，还有音乐教育、体育教育和艺术教育的兼职教师。

学校服务于一个稳定的中产阶级的社区。多数学生来自完整家庭，父母大都在纽约工作，有消防员、警察、教师，还有在附近 Brookhaven 国家实验室工作的科学家。该地区一向有支持教育的历史传统，视学校为社区的中心。比如，公共图书馆就设在高中，而学校的计算机和体育活动设施也向公众开放。

几年来，该地区利用肖汉姆核电站的税收为学校购买计算机，维持小班的规模，并为教师提供了大量专业发展的机会。1992 年多彩光谱项目的教师参观布里亚克利福的时候，每个班平均只有 18 名学生，每个教室配备有 6 台电脑和 2 台打印机。后来考虑到安全问题核电站停止了生产，该地区才不得不把班级规模增加至每班 22 名学生，同时也大大地削减了用于教师专业发展的资金投入。

布里亚克利福的教师和管理人员利用当地对教师专业发展的投入参加了夏季培训班，参观了周边地区的革新计划（包括第一所以多元智能理论为指导的学校——印第安纳波利斯的 Key 学校），并邀请教育专家到他们学校举办专题研讨会。例如，在 20 世纪 80 年代初，该校研究的主题是"建构主义"，这是一种建立在皮亚杰认知发展理论基础之上的方案，强调学生作为积极学习者的作用，因为学生是以已有经验为基础建构他/她对世界的理解。布里亚克利福学校对建构主义的研究导致了名为"认知水平匹配"课题的产生，该课题旨在设计与儿童的发展水平相应的匹配课程，该课题反过来又促使教师不断对学习过程中"儿童的理论"进行专业讨论和反思。

1989 年，加德纳应邀在肖汉姆河校区的一次研讨会上做报告。布里亚克利福的领导和教师参加了会议，发现多元智能理论符合他们学校和班级实践中倡导的哲学理念。加德纳为每一种智能与最终职业状态/职业之间的联系所提供的科学证据更激起了他们的强烈兴趣，因为儿童正是在为最终职业状态做准备的。

尤其值得一提的是，布里亚克利福的教师想了解更多关于多彩光谱的信息。1989 年夏季，他们邀请三名多彩光谱项目的研究者举行了两次专题研讨会，还为全体参加多元智能/多彩光谱实验工作的教职员工开设了夏季课程培训班，并指出多元智能/多彩光谱在布里亚克利福学校文化背景中应用的注意事项。因此，布里亚克利福小学决定把多元智能方法应用于教育源自于实践和理论之间的一致性，而非行政决定；多元智能的思想观点有机地融入现行的教学实践中，而不是以独立的方案开展，改革在整个学校范围内进行，而不是个别行为。

教师们特别感兴趣的主要有两个方面：一是如何把所有智能都整合到项目（project）教学方法中——项目教学是他们在加拿大埃德蒙顿（Edmonton）阿尔伯达大学（University of Alberta）研究项目课程的主要专家西尔维亚·查德（Sylvia Chard）的帮助下发展起来的；第二个问题是如何运用MI来评估并帮助那些面临学业失败或是学习失能的儿童。

(一)把多元智能整合进项目教学之中

布里亚克利福的教师一直采用主题教学法，课程中一些单元活动已经打破了学科的界限。引入加德纳的观点之后，教师开始以多元智能为框架设计涵盖7项智能的主题活动，拓展传统的主题，将他们认为传统主题所缺乏的新领域和新活动整合进去。

这种学科整合的方法扩大了学习领域，可以看到儿童们对学习充满了兴趣。然而，也有教师对这种方法有些担心，因为他们在实施过程中不那么自如。南希·西姆斯（Nancy Sims）是一名一年级教师，她说："我认为拓宽班级里所有儿童的经验是非常重要的。但是为了保证活动包括艺术成分、数学成分、空间成分，很可能会导致活动流于表面形式而失去最有意义的部分，失去我们在主题单元中可以深入探究的内容。"

主题单元对于广泛探索某一个主题效果很好，并且在许多学校得到成功的运用。但是布里亚克利福的教师也在探索项目教学法（Katz & Chard，1989）。他们决定就某一主题进行深入的探索，通过回答某个重要的问题或转换一个新的视角，涉及不同的领域、活动，激发各种智能，从而把多元智能和方案结合起来。他们力图鼓励儿童以小组为单位运用多种智能找到解决问题的途径和答案。这样，儿童就会发现不同智能运用的方式，就会发现自已不仅必须运用不同智能来解决教室里的问题，还要解决真实世界中的问题。

项目教学强调"少即多"的思想，即认为深入研究比范围广阔更重要。布里亚克利福的教师并不在意一年要处理 15 个还是 20 个主题，而只是集中于三四个项目，并与学科教学相结合，以解决那些项目活动中没有充分解决的基本技能。他们还安排一些真实生活中碰到的重要的疑难问题作为项目，如选举、人口问题和社区生活。

举个例子来看，一年级关于社区的项目就是捕捉到学生有这方面的兴趣而开展的。梅格·萨恩蒂(Meg Scionti)班级的学生为此花了 5 个月的时间把教室改造成一个微型小镇，设有教堂、银行、沙滩帐篷。他们还到一位学生家长开的饭店里学做面条。朱迪·雷(Judy Lay)的班级，除了搭建建筑物、邀请家长来到学校谈论其工作，他们还自己制作消防帽、去其他班级调查家长所做的工作，然后用图表把结果呈现出来。南希·西姆斯的学生则打算把他们的学校作为社区项目的一部分进行研究。他们研究布里亚克利福的历史，撰写有关学校的各种体裁的文章，调查学校的物理结构，考察学校的地基并把他们的发现画成图片，还按比例做了平面图，以便进行测量，比较尺寸大小。

全校共同进行了一个关于动物的项目。每个班的儿童选择一种动物进行研究。一个班的儿童制作了对蚂蚁的日常观察表，在研究蚂蚁对蚁群的不同贡献方式时还一丝不苟地画了蚁洞。在研究蚂蚁身体各部分的结构和功能时，他们还用纸浆制作了一个约 90 厘米长的蚂蚁。孩子们通过参观其他班级的展览和"博物馆"而共享信息。孩子们关于动物的知识以展览、书籍、诗、数据表和图解、图片和歌曲等多种方式表现出来。

经过数年以多元智能为导向的项目活动的尝试和实践，布里亚克利福的员工对三种学习和教学方式有了较好的理解。首先，他们认识到，并不是所有的孩子都要在同样的时间学习同样的内容。比如，就一个项目而言，孩子们可能在不同领域展开深入的探索：一个可能在建一个飞机场，而另一个却可能正在写一个故事。然而，孩子们还有一段时间可以一起分享、表演、给他人的作品提出建议，因此在最后，每个孩子都几乎熟悉了所有材料。

其次，教师认为他们不必通过项目的方式教授所有课程。为了保持项目的原汁原味，他们并不把所有技能都融入项目中。因此儿童通过项目能够获得许多必须要学的基本技能，但不是全部。布里亚克利福的教师已经能够安心地面对这样的事实：一些内容可以通过直接的教学教给孩子，还有些内容则通过项目活动让孩子掌握。

最后，教师发现多元智能理论不仅仅提供了制订课程计划的重要手段，也为教师观察儿童和儿童反思他们自己的发现结果提供了一个框架。如何利用多元智能指导那些表现出学习问题的孩子也是他们非常感兴趣的问题。

（二）运用多彩光谱方法评价学习困难的儿童

在接触多彩光谱之前的几年，布里亚克利福已经成立了儿童研究小组（CST）来评估被认为学业失败的困难儿童。管理者认为这个研究小组将全面评估那些"跌入峡谷"的儿童。研究小组的成员有学校心理学家、带班教师、学校护士、特殊教育学家、阅读专家和校长。每一成员负责儿童"核心评价"的一个方面，如该儿童的发展史、心理评估、学业测试或者健康史等。然后小组成员会聚在一起讨论儿童的发展档案，通过头脑风暴想一些能帮助儿童在班级里更好地学习的办法，并考虑还可以怎样为儿童提供更多的帮助。

曾担任过特殊教育的教师、后担任布里亚克利福学校校长的玛格丽特·多尔蒂（Margaret Daugherty）说，评价应具有一定的广泛性，且评价的维度应该是多元的。然而，研究小组成员认为仅是这样尚显得不够。犹如旧瓶装新酒，评价仍然建立在传统的测验和测量方法的基础上，而这些测验/测量方法强调的是语言和数学方面的能力。所展开的对话也多关注儿童的不足以及如何"弥补"这些不足。而多元智能理论则坚定了大多数教师的这一信念，即被认为学业上有困难的儿童可以在许多其他方面获得成功，问题的关键在于如何识别他们能够获得成功的领域并丰富他们在这一领域的学习经验。

在学校里苦苦挣扎的儿童也许存在另一种学习、理解世界的方式，但这种方式在教室情境中未能被老师发现。研究小组的全体成员正在着手探察那些在不同领域具有智能强项的儿童如何加工信息。研究小组成员尽量避免对被试儿童使用更多的测验，因为这些儿童已经参加过标准化的心理、语言和阅读等测评。相反，他们想看看能否创建自己对儿童强项的"自然"评价法和谈论法。研究小组要求所有成员都必须在他们各自的领域里开发一个真实的、自然的评价模式，并在小组会议上加以阐述、为自己的模式辩护。艺术专家和音乐专家也参与了这一过程，如一名艺术教师开发了一个用以识别空间型思考者的检表。

罗伯特是一年级的学生，其哥哥被诊断为学习失能，研究小组首先运用多彩光谱方法来识别罗伯特的智能强项。罗伯特由于结巴等语言困难（包括很难跟上教学以及运动技能较差）而被指派给 CST 。他一直在接受语言治疗。

在罗伯特活动时，CST 运用自己开发的技术，对他进行了密切观察。他们发现罗伯特尽管在集体活动时很容易分散注意力，但事实上他却是一个深沉的善于反思的人。多尔蒂说，他经常表现出精神涣散的样子是因为他要等到完全想通他正在思考的问题才能回过神来。如果能给他足够的时间让他回答问题或完成一项任务，他通常可以跟上并响应老师的指令。他不仅有良好的自我理解，同样擅长人际理解。他是一个人缘非常好的人，他总是能成功地让最爱喧闹的孩子安静地待在他们自己的位置上欣赏同伴们的喜剧表演。

通过密切的观察和对发现结果的比较，CST 成员还了解到罗伯特非常有决心。一旦他专注于某项任务，他会尽最大努力做好它。有一个艺术活动的例子：在新学年之初时，罗伯特还经常转铅笔玩，但一段时间以后，他突然觉得自己是个艺术家。在艺术专家和带班老师的帮助下，他一直坚持绘画、练习书法，直到他的技能确实有了长进。他甚至从图书馆借了素描的书！一年级结束的时候，他捐赠了一幅专门为学校图书馆做的画，直到现在那幅画还挂在图书馆的墙上。

布里亚克利福的老师抓住了罗伯特的智能强项，从而帮助罗伯特对自己的学习能力建立了自信并相信他自己能为学校社区做贡献。现在，罗伯特已经读完了小学，而没有被当作学习智障儿。

　　对罗伯特智能强项特征和弱项特征的密切观察帮助教师对每一种智能及其在学校活动中的表现有了更好的理解。学习加德纳《智能的结构》一书时结合自己的发现，教师们自己意识到了发现每一种智能在儿童日常生活和学校情境中意味着什么。虽然布里亚克利福学校的员工不可能像对待罗伯特一样对待每一个表现出学习困难的学生。但是他们在个别化教学方面所做的努力——抓住每一个孩子的智能强项来挽救学习困难儿童，也成了学校文化的有机组成部分。布里亚克利福学校的员工认识到教学方案必须运用多元的方式，通过多元的方式为儿童呈现信息，并以多元的方式让儿童交流和展现自己的学习结果。在这样的环境中，学习困难儿童的能力和学校传统中经常予以奖赏的能力可以得到同样的尊重和认可。

五、　实地工作的反思

　　事实上，一个学校，甚至一个班级都是一个复杂的系统。当教师把多元智能或者多彩光谱方法运用于个人或集体改进教学实践之时，都会进行自我检核，也会存在一定的冒险。在本章中，我们不可能对之一一给予评判，但我们希望这些例子能提供一种观念，即有许许多多不同的方式可以帮助学校或教师达成教育目标。尽管没有哪一种方法或途径可以适用于任何情境，但在教育者采用多元智能/多彩光谱方法时仍具有一些共同特征，它们对于改革的成功必不可少。这些要素包括研究支撑改革的理论，把多元智能视为一种手段而不是结果，采用合作或者团队的形式，根据学校文化特点进行改革。

(一)理论学习

　　首先，要想正确应用多元智能理论，必须对理论加以研究并与自己的经验联系起来。那些被多元智能/多彩光谱项目方法吸引的教育家经常发现这一理论的核心观点和他们自己原来所持的观念相吻合，也就是说大部分教师已经从他们自己的经验中感觉到了存在于儿童之间巨大的个体差异，意识到世界上有许多获得成功和导致失败的不同形式。多元智能/多彩光谱项目的理论框架证实了这些老师的实践经验，支持了他们的观念，提出了一个可以用来和学生、家长及同事进行交流的词汇。

然而，要想使多元智能/多彩光谱方法在纯粹的理论和教师内化的经验之间成功地架起一座桥梁，教师必须积极参与讨论，认真钻研本章所描述的被用在学校情境中的多元智能理论。缺少了这一过程，学到的只能是多元智能理论的皮毛而不是真正的精神实质，多元智能也就会成为结果本身而不是通向教育目标的手段。

(二)把多元智能作为手段而不是结果

有些教育实践动机良好但最后却误入歧途，原因在于他们往往把多元智能理解为一份智能清单：教师花大力气以确保每一个孩子都能运用到所有的智能，而不管这些活动是否与课程有关。因此多元智能重新落入窠臼：孩子被贴上了"语言智能"或"身体运动智能"的标签，智能概念本身具有的多面性和动态特征却被忽视了。一些学校在改革的第一阶段就是这样，直到后来才逐渐能自如地运用多元智能理论，帮助儿童利用自己的智能强项掌握课程。

(三)教师合作

要想使多元智能/多彩光谱方法成为学校教学组织的主要理念，建立一个合作和支持系统非常必要。团队工作或团队合作在实践多彩光谱的改革中并非是唯一形式。关键在于如何根据方案的具体需要形成自然的合作关系。要把多元智能和多种学科充分地整合到课程中，教师必须从其他成员那里收集相关领域的专门知识。比如，对一个想把艺术整合进项目活动或其他课程的教师来说，与艺术专家或音乐专家的合作可能特别具有价值。一些学校运用团队教学，将教师与不同领域的专家进行搭配。再者，教师需要相互之间进行友好的批评，并互相交流关于课程活动、观察策略和报告方式的看法。对这一概念稍加引申，合作还包括邀请家长到班级里，包括与其他社区成员一起工作，以及咨询本领域的专家。

合作不仅能帮助教师更深入地理解智能，还增进了教师之间的相互了解。教师学会放大别人的智能强项，利用别人的强项开发课程和进行团队教学。合作还能提供情感和心理上的支持。比如，在教师努力将新学科或新技能引入班级的时候，他们的冒险行为需要得到支持，他们需要听取别人的意见以了解这一领域还有哪些不足。正如格洛斯特的福勒学校，教师例会可以为教师提供一个安全的环境，用来交流和讨论他们已经获得的或尚觉不满意的经验和技巧。

(四)符合学校文化的改革

要使多元智能/多彩光谱方法产生实际效果，必须对之进行"本土化"。对多元智能持怀疑态度的人们如果能够看到多元智能/多彩光谱方法与他们生活的关联性，他们极有可能转变为这一理论的热心支持者。要使多元智能理论符合学校文化，教师首先必须分析自己有哪些可利用的资源，明确自己准备进行什么样的改革，并确定自己要达到什么样的教育目标。一个实验点必须进行以上的自我分析，才能选择最适合自己的内容和方向，并不断调整以最大程度地满足学校的需要。

正如布鲁斯·坎贝尔所言，在某些情况下，即便是一个人也能在他/她的教室里进行根本性的变革。学校范围的变革倒是需要一批坚定的人投入更多的艰苦努力和热情，而且在受到"外界"或者"上级"的干扰时能坚守立场或坚持到底。只有当学校的大多数成员甚至是所有成员都参与到把多元智能/多彩光谱理念应用到他们的教学实践之中时，这一方法才可能发挥最大的效用。如果学校已经具有请老师参与决策的传统，或者已经在教学中意识到学生的个体差异，那么运用多元智能/多彩光谱方法时就会容易些。

此外，教师应该以他们认为适宜的速度进行改革。许多情况下，实践者必须以小步递进的方式推进改革。一个学校可以先进行一个小型的实验方案，或者鼓励不同班级的教师开展不同形式的实验。比如，一些教师可以利用多彩光谱的学习活动为班级所有学生引介新的领域，而另外一些教师则可以尝试对部分学生实施多彩光谱的评估，来具体考察他们的智能强项和兴

趣。小步递进策略可以帮助教师确认哪些步骤和想法效果最好并可以在更大
范围内推广。

六、结语

在杰拉尔丁·R.道奇基金会(Geraldine R. Dodge Foundation)以及查
尔斯与海伦·施瓦伯基金会(Charles and Helen Schwab Foundation)的支持
下，由零点项目开展的"多元智能理论的有效应用之研究"的初步发现不只是
上面所提到的几点。我们将这些实践称之为"规点(compass points)"，因为
它们并不是严格意义上的准则，而是一部分人所发现的有助于达成其目标的
路线。其一，是将艺术作为学校生活的一个必不可少的要素，作为一种所有
儿童都可以用来交流思想的表达形式——无论他们讲的是什么语言，无论他
们的智能强项出现在什么领域。其二，布里亚克利福学校和本章讲到的其他
学校的例子都说明了通过儿童学习和表达的方式来给予儿童有意义的机会。
其三，通过参与、强调技能发展、反馈及反思等实践活动，采用 MI 来激发
所有学生进行高质量的活动。起初把多元智能用在天才或学习困难儿童等特
殊群体的学校后来都扩大了方案的范围，用来改善所有儿童的学习。总之，
这些结果表明多元智能和多彩光谱可以通过多种方式被有效应用。

改革不可能在一夜之间就完成。学校改革必须为教育者留出足够的时间
进行讨论、实验、改进，允许他们犯错误并不断地从错误中学习，只有这样
改革才有可能获得成功。让包括学生、家长以及市政领导者在内的更多社区
成员参与谈论将会为改革赢得更大的支持。

随着越来越多的学校把多元智能/多彩光谱应用于实践，我们希望对话
能突破学校的围墙，扩展到社区之间、地区之间、甚至国家之间。一些专业
杂志和专业会议长久以来一直为思想交流提供机会。新技术的发展，如因特
网的出现，将使这些交流变得更加容易、更加便捷，使远隔千里的教育者也
可以互相质疑、互相讨论。我们期待着从"一线"教育者们正从事的具有挑战
性的学校改革事业中获得更多的启示。

备注：

非洲美国人和西班牙学生人数的比例（这两种人属于贾维茨基金会的指标）在天才计划实施期间没有变化（Kornhaber，1997）。这可能是"天花板效应"引起的；蒙哥马利丘陵小学当时正在参加一个称为"评估、诊断和教学之方案"的全国性课题，该方案把具有潜在天赋的少数民族儿童送到自治的班级，这些班级强调批判性思维策略的运用，并为学生提供整合的、实践性的、合作性的学习经验。

参考文献

Campbell，B. (1992,Summer). Multiple intelligences in action. *Childhood Education*, pp. 197-202.

Campbel，L. , Campbell，B. & Dickinson，D. (1996). *Teaching and learning through multiple intelligences*. Needham Heights，MA：Allyn & Bacon.

Fuller School. (1995a). *Blackburn Project：A short description of Fuller MI program*. Gloucester，MA：Author.

Fuller School(1995b). *Parent survey analysis*. Gloucester，MA：Author.

Fuller School (1996). *MI notes：A publication of the Gloucester public schools' multiple Intelligences program*，3(7). Gloucester，MA：Author.

Gardner，H. (1999). Multiple approaches to understanding. In C. Reigeluth (Ed.), *Instructional-Design theories and models*,Vol. 2. Mahwah，NJ：Lawrence Erlbaum.

Havard Project Zero. (1995). *People /schools that are interested in MI theory*. Cambridge，MA：Author.

Katz，L. & Chard，S. (1989). *Engaging children's minds：The project approach*. Norwood，NJ：Ablex.

Kornhaber，M. (1997). *Equitable indentification for gifted education and the theory of Multiple intelligence*. Unpublished doctoral dissertation. Harvard University, Cambridge，MA.

Krechevsky，M. & Seidel，S. (1998). Minds at work：Applying multiple intelligences in the classroom. In R. J. Sternberg &W. Williams(Eds.)，*Intelligence，instruction，and assessment*. Hillsdale，NJ：*Lawrence Erlbaum*.

　　Parker，C. (1995，Fall). Multiple intelligences and Foxfire：A natural match. *Hands on*，pp. 12-17.

第七章　多彩光谱的桥梁作用

DUOCAI GUANGPU DE QIAOLIANG ZUOYONG

霍华德·加德纳

前面几章向您介绍了我们 10 年的研究历程，在这 10 年之中，我们致力于开发一种早期幼儿教育的新方法。事实上，在刚开始时，我们既不知道这项研究会经历怎样的过程，也不知道最后的结果会怎么样。我们原想利用 4 年左右的时间开发出一种幼儿智能的评价方法，但后来发现评价总是与课程、教学交织在一起。早期教育应因情境而异，因此，与其说我们的研究在追寻一种新的评价方法，不如说在探索一种新的教育方法，一种适合于大众的、能产生多种结果的教育方法。当然，我们的工作并非止于此处，多彩光谱在实践中展现出来的生命力表明其基本思想正在朝着新的方向不断扩展……

一、 建立桥梁

反思多彩光谱走过的历程，我震惊于这样的发现——我们的研究必须在两个对立的极端之间不断地寻求平衡：一端是理论的吸引，一端是教育实践的现实；一端是多彩光谱的核心理念，一端是不同机构不同的目标和需要；一端是对儿童个体的关注，一端是对社区中儿童群体的关注。有时我们会因某段时间的研究偏离其中一端而产生挫折感，但颇感欣慰的是，我们终于在这些对立的端点之间建立了联系两者的桥梁。本书的最后一章，我将介绍几种建立"多彩光谱桥梁"的方法。

(一)从理论到实践，再回到理论

与很多研究者一样，我们的工作植根于我们自己的理论——费尔德曼的非普遍发展理论、我的多元智能观，以及皮亚杰有关人类思维发展的观点。

如果是在 20 世纪 80 年代初，我们可能仅仅讲述我们如何将这些理论应用到实践。

　　然而，当我们着手于艾略特－皮尔逊幼儿园的工作时才发现，有很多东西需要我们去了解。我们需要了解幼儿的生活，了解教师忙碌而令人印象深刻的日常工作，了解家庭和社团的日常事务。如果我们想让研究取得最终成效，就必须要学会去观察和聆听我们的合作伙伴。一开始我们以为这只是礼貌问题，或者只是操作问题，后来才逐渐认识到研究工作要求我们必须向实践工作者学习，而且向他们学的至少和他们向我们学的一样多。

　　比如，我们起初以为自己能够单独设计出一些活动和游戏，然后即可将其从"实验室"应用到"现场"。然而事实证明，最有效的多彩光谱活动都源于对儿童的观察，包括观察他们已经在进行的活动，观察他们喜欢做什么，观察他们在自然状态下如何与同伴、教师进行交往。也许最简单的普通材料或交互式的游戏往往是最有效的活动。

　　最初，我们主要关注那些能够激发某项智能的"任务"。但后来发现智能与领域之间并没有现成的对应图式；随后我们又发现儿童对任务的处理方式对研究人员设计活动和游戏具有重要的启发意义。所以，我们把最初的 7 种智能逐步发展为 15 项独立的活动，后来又增加了对"活动风格"的评估。我们对活动风格的评估在实践中引起了人们的关注，我们发现活动风格并不像"风格"一词所暗含的意思能够"横跨一切领域"，有时会因领域而异。比如，某个儿童在操作某种材料时也许会表现出冲动、幽默的风格，但换一种材料则又可能表现得谨慎而严肃。对儿童能力倾向（proclivities）做出全面概括不仅要观察他所从事的具体任务，还要注意他完成任务的方式。

　　多彩光谱的研究使我们能够对特定智能进行更充分的描述。举例来说，我们不只是简单地说某儿童具有人际智能，而是详细地描述该儿童在社会交往中具体担任何种角色，是领头人、促进者、小组成员、独立工作者，还是照顾者/朋友。另外，我们还通过多彩光谱的自然角发现了一种新的智能——自然智能（Gardner，1998）。

　　我们的研究人员并非是关心教育的唯一力量。在项目研究的 10 年中，许多关心教育的实践工作者与研究人员走到一起进行合作，他们的实践对我们的研究作出了不可磨灭的贡献，而我们的理论则通过他们有效的实践得到了巩固（McGilly，1994）。毫无疑问，这些桥梁加强了教育的研究与实践之间的关系。

（二）多彩光谱的需要与不同机构的需要

虽然与实践工作者的交往大大地丰富了我们的思想，但我们还是经常感觉到理论研究的目标和需要绝不同于某一具体机构的需要。

两者之间的张力在艾略特—皮尔逊幼儿园表现得不是很明显，因为该园是一个与儿童发展研究中心有着长期合作关系的实验幼儿园，所以两个机构之间比较容易沟通。而且许多研究人员是本科生或研究生，他们在校的声望至少与研究证书之间的联系并不紧密（他们也没打算通过研究取得一些证书而提高他们在学校的声望）。

而与其他机构合作时，无论是与公立学校还是与博物馆，大家在目标上的差异就凸显出来了。有的研究人员想验证某个理论，有的则希望探寻某一问题的答案，合作的成功取决于不同目标能在多大程度上达成一致。他们的声望也隐含在做报告或撰写论文以便把他们的发现记录下来的能力之中（而学校和博物馆往往希望通过最后的报告或论文提高它们的声望）。

学校或博物馆与研究人员的日常事务和工作重点完全不同。由于学校或博物馆受纳税人（以及私人捐赠）而非研究资金的支持，其主要功能在于教育或娱乐，因此，教师和馆长承担着繁重的行政压力和组织压力。他们既要对儿童负法律义务，也要对社区负同样繁重的道德义务。对其成绩的评判既可采用一些相对客观的方法（如测验分数、出席人数、票房收入），也可采用主观一点的方法，即看相关社区对他们的一般态度（首肯还是不承认）如何。他们参与研究有可能是受良好公民的意识驱使，也可能是希望通过与名校的合作带给他们一定的好处，所以，对于忙于日常教学的教师而言，研究人员想探索的问题和追寻的答案在他们看来并不那么紧要。

我们有许多具体的例子可以说明学校或博物馆与研究人员所关注的工作

重点之间的差异。比如，在艾略特—皮尔逊幼儿园，我们想观察某个儿童单独活动时的表现，而幼儿园却鼓励儿童进行小组合作；我们想发现儿童的智能强项，但家长却更关心他们的孩子在哪些方面存在不足。在与园—馆的合作中，我们想开发能在不同情境中产生"共鸣"的材料，但教室环境相对封闭的特征却与博物馆"自由选择"的特点格格不入，而且家长也不能很快地领悟我们开发的"带回家的活动材料"的效用。在一年级，我们强调不同兴趣、不同风格和不同进度的重要性，但教师却迫于保证高分的压力把精力用于教那些处境不利的孩子阅读。

面对大家工作中各不相同的侧重点，有一种办法就是折中，即尽量寻找使大家都满意的材料、方法和目标。有时候采取折中不难做到，比如向家长提供有关其孩子智能状况的信息，这一点完全可以做到。

然而，有的时候折中未必行得通也未必可取。我认为，当不同的团体逐渐熟悉、互相信任、确知彼此共享着某一共同的目标时，才可能建立更有效的桥梁。那时，不同团体都能欣然地承认彼此日常事务的差异，并懂得尊重对方。例如，学校与博物馆如果能彼此认识到对方目标及工作重点的合理性，并承认对方的工作会对儿童产生积极的影响，则两者的工作将更有利于儿童的发展，双方的合作也将更为有效。如果研究人员能理解家长的想法——首先希望自己的孩子多才多艺，而家长也能同时尊重研究者的想法——希望为每个儿童找到有效的教育方法，两者的合作也将更加顺畅。

(三)关注个体儿童还是儿童群体

但凡与同行们聊起，我们这些心理学家都确信世界首先存在于人的两耳之间，即大脑之中。对此，发展心理学要负特别的责任，因为我们的守护神皮亚杰感兴趣的恰恰是所有儿童所共有的心智特征，而忽略了儿童之间的交往以及儿童所处的大环境。但我们的研究承认儿童之间的动态交往，并首先关注每个儿童心智的特殊之处。

在美国进行这项研究比在其他国家容易，因为我们的社会非常关注个体的儿童。然而教室并非一个个"原子"的集合体，而是一个由人组成的社会团体。只有当其中的个体互相认识、相互尊重、遵守大家一致认同的规范时，团体才能发挥作用。而且，最近的研究和实验表明：我们的社会过分强调个体对很多儿童并没有帮助。儿童在一个规划得很好的团体中学习时，其表现往往更佳；个体能否在成人社会中发挥作用也常常取决于他是否有能力成为团体中有用的一员，有自己的强项，同时也有他人可以弥补的弱项。

支撑多彩光谱的两个理论无疑也承认其他人的作用。大卫·费尔德曼承认团体在个体能力发展中的重要性；我则强调个体的多元智能，所以仍然可以说我们的重点主要集中于个体儿童。而在我们的合作机构看来，理应如此把更多儿童的发展视为工作的重点。

我们开发了几种大有可为的方法来兼顾个体儿童和儿童群体。例如，在一年级设置学习区，使不同儿童能够在他们共同感兴趣的区域内合作，协同地运用他们的智能强项。而在学校、博物馆和家庭合作的过程中，"共鸣"则是把儿童与可用的人力、物力等资源联系起来的一个桥梁。还有"顾问团"方案，它突出强调了来自社区的成人的关爱在幼儿心智成长中的特殊作用。

然而，观念性的桥梁（而非有形的桥梁）也许最为重要。多彩光谱方法帮助那些强调个体的人们认识到：如果不能把"分散"的人力和资源组织起来，就不可能有个体的发展；同时帮助那些重视团体的人们认识到：每个个体都可以为团体做出自己独特的、却很重要的贡献。在为几名幼儿设计了多彩光谱任务以后，一位颇有悟性的教师说："我从来没有比现在更了解班上的儿童。"这位教师能运用来自个体儿童的启示更有效地组织群体的活动，从而在孤立的儿童与大环境之间建立起了建设性的桥梁。

二、 多彩光谱的告诫

获悉多彩光谱的理念和实践对很多人（而且他们往往身处远方）的工作有所助益，我们感到非常高兴！正如第六章中所指出的，这些同行们足智多谋的方法也让我们获益匪浅。

但有时候我们也看到一些实践违背了多彩光谱的精神。也许我们要为此承担部分责任，因为其中一些误区我们自己早先也经历过。比如，我们最初的想法差不多就是想开发一套评价 7 种智能的工具，或者所谓的"快但实为垃圾"（quick and dirty）的测试。但是当以心理测量的方法实施多彩光谱时，我们感到痛苦和内疚。

一般说来，多彩光谱确实可以有效地了解儿童在某个时期的发展信息，但能否因此而假设这些信息足以描述儿童在任何年龄阶段的发展状况，我们认为值得怀疑。我们的评测还很粗略，对人的发展的理解也不那么确定，这些都决定了我们不能用概括性的描述断言儿童日后的发展，例如，"他具有语言智能，缺乏空间智能"或者"他可能成为一个自然学家，而不能够成为机械师"等。而且也没有纵向研究的资料表明儿童在某个年龄的状况可以持续两年，更不用说是 20 年时间了。

实际上，作为发展心理学家，我们相信人的成长部分源于文化的影响，部分在于自己个人的意愿。"幼年的自然学家"能否成为"青少年期的机械师"，主要取决于儿童是否想这样做、是否愿意为此努力、能否在这方面受到良好的训练以及能否获得很好的机会。

另外，必须再次强调：不能把智能与领域、学科或任务简单地对应起来。我们也许可以说识别出儿童的操作智能（operating intelligences）是有可能的，但那只是一个方便的概括性的说法。因为"智能"是一种科学的结构，而不是一种物化的现实。事实上，心理学家和教育者所能看到的也仅仅是儿童能够掌握哪种任务、技能、知识。因此，如果我们说"A 儿童在弹奏吉他方面是个新手，但在识别植物和动物方面已经达到了熟练的水平"，要比推定儿童具有"音乐"智能还是"自然"智能的特性描述简单得多。

最后，虽然我们认为我们建立的桥梁对于参与多彩光谱的大多数人都有借鉴意义，但如前所述，我们必须承认多彩光谱需要服务于若干不同的对象，每一个对象都有自己的议事日程。因此，我们希望未来的合作者既要认清理论与实践之间存在的距离、多彩光谱的研究计划与合作机构自身的议事日程之间的矛盾、强调个体儿童与重视儿童群体这两股力量之间的张力，又要避免陷入其中。也许我们建立的桥梁可以在这方面提供一丝启发，而我们需要继续从其他人创造性地应用多彩光谱的实践中不断学习。

三、 未来的话

如果艾尔弗雷德·比奈能看到他的思想和他的测试题在 100 多年的历史中(自他首次对巴黎的儿童进行测试以来)发生了怎样的变化,毫无疑问,他准会大吃一惊。连我们都在这 10 年之中不断地惊奇于自己研究方向的变化(或许应该说是研究推动着我们前进的方向)。同样,我们为那些我们不太熟悉、甚至从未谋面的人士对多彩光谱的创造性的应用而感到由衷的惊喜。

多彩光谱不是一个大包裹(package),也不是一份食谱——正如我们有时自嘲的那样"我们既没有一个工具箱,也没有一堆工具"。从实践和寿命的角度而言,"空"也许有"空"的好处。因为实践如果是土生土长而不是从外面引进来的话,也许更有意义,其寿命也会更长。我们期望革新方案不断地涌现,希望关爱多彩光谱的教育者能继续开创新的未来(包括评估活动及学习区的革新)。

我们则将继续探索导致儿童特定才能结构(particular configuration of gifts)的影响因素,继续考察在各种环境中哪些因素决定着才能将如何展开或不能展开。多彩光谱在不同的人群、不同年龄的人、不同的社会中被广泛地应用,它必将在历史上写下令人振奋的篇章。当然,我们也承认,多彩光谱方法需要借鉴传统心理测量派的做法进行一些调整。另外,即使是在学前阶段,我们也需要向那些支持多彩光谱的人们解释、证明其信度、效度、效率以及整体效用。

多彩光谱研究的困难在于资金难以保证。在我们生活的时代,很少有资金支持有关人的发展和教育问题的基础研究,这是一种不幸。然而,即使没有独立的资金支持,还是可能对一些问题进行初步的研究,这将鼓励我们继续探索。希望有一天有资金的晴朗而快乐的日子早点到来,那时我们就能更加系统地探究有关幼儿教育的问题了。

四、 最后致谢

我们的研究与预期的立项并不完全吻合,在探究心的驱使下,研究者们对立项之外的问题进行了研究。但是,许多优秀的实践(虽然绝不是全部)都源于长期的、枯燥的但却极其认真的研究。如果没有诸多基金会的支持，多彩光谱就无法实施，我们也就无法获得任何结论。多彩光谱产生了影响，并继续产生这种影响，离不开洛克菲勒兄弟基金会、威廉·T.格兰特基金会，还有斯宾塞基金会的支持。

大卫·费尔德曼和我要衷心地感谢诸多支持和帮助我们进行研究的人们和相关机构。虽然我们无法在此一一列举他们的名字，但我们要在此向艾略特-皮尔逊学校、波士顿博物馆、波士顿的梅森学校、马萨诸塞州萨莫威尔市的冬山学校致以特别的谢意。

我们还要感谢参与此工作的诸多儿童、家长、教师、讲解员和顾问们。在前面已经说过，我们非常感谢与我们直接合作的研究人员和实践工作者们——其中主要有玛拉·克瑞克维斯基、朱莉·维恩斯、陈杰琦——他们都是骁勇的研究者，还有艾米丽·伊斯伯格，她在编辑这三本书的过程中也成长为多彩光谱团队中光荣的一员。

参考文献

Gardner，H.(1998). Are there additional intelligences? In J. Kane(Ed.)，*Education，information，and transformation*. Englewood Cliffs，NJ：Prentice Hall.

McGilly，K.(Ed.)(1994)*Classroom lessons*. Cambridge，MA：MIT Press.

附录 A 多彩光谱活动简述

运动活动

创造性运动

创造性运动课程共持续一学年，每两周开展一次。主要关注儿童在舞蹈和创造性运动等 5 个方面的能力，包括节奏感、表现力、身体控制能力、动作创意、配合音乐做动作的能力。教师平衡采用半结构化的活动（如我说你做）和较开放式的活动（如用舞蹈自由表现音乐）。课程持续大约 20 分钟。

障碍活动课程

春天，户外障碍活动课程的设置使儿童有机会参加一些复杂而带综合性的运动项目。课程包括长跑、平衡木、障碍跑、跨栏。这些站点涉及许多运动技能，如协调能力、估算时间的能力、平衡性和爆发力等。

语言活动

故事板活动

故事板活动为儿童编故事提供了一个具体而又开放的框架。儿童借助故事板来讲故事，故事板上设有模糊的景观、树叶、住宅、分类立体形象、动物、道具（如国王、龙、珠宝盒）。此活动可测评很多方面的语言技能，包括词汇和句子结构的复杂性、叙述语气和对话的使用、主题紧凑性，以及语言的表现力等。

报告活动

此活动评估儿童叙述某个经历的能力。在第一个活动中，儿童先看一部影片，然后回答有关的问题。根据内容的准确性、词汇的复杂性、描述情节的详细程度和句子结构的复杂性对其回答进行评分。周末新闻活动评估目标与此类似，但要持续整整一学年。每周或隔周，儿童就假扮"记者"报道他们周末所做的事。他们的讲述常常既有现实成分，又有虚构想象成分，成人对其讲述进行录音并记录在一个专门的本子上，这样就可以考察儿童在整个学年的报告技能，而且还可看出他们的兴趣所在。

数学活动

恐龙游戏

恐龙游戏旨在测评儿童对数概念的理解、数数的技能、遵从游戏规则的能力，以及运用策略的能力。游戏材料包括一块游戏棋板（上面有一只大恐龙的画像）、两个木头骰子、用作棋子的塑料小恐龙两只。游戏的目标是小恐龙尽量逃离大恐龙的饥口以免被吃。游戏的两个人通过轮流掷骰子来决定其恐龙移动的方向和格数。最后，让儿童根据对自己最有利的原则自己安排骰子，从中我们可看出儿童对规则的理解程度。

公共汽车游戏

公共汽车游戏旨在评估儿童创造有用符号系统、进行心算和组织有一个以上变量的数目信息的能力。材料包括一辆纸板汽车、一块游戏板（上面标有 4 个停靠站）、一些上下车的人、两套色棒。游戏中，儿童要一直记住汽车停靠各站时有多少乘客。难度随行程次数增加而逐渐增加。儿童在一些行程中可以把乘客数记在脑中，而在一些行程中，则需要借助于色棒来记住人数。

科学活动

发现区

一年四季都设置在教室里的发现区主要引发自然科学活动。活动可以是照料小动物，栽培植物，考察一些自然物体（如石头、贝壳）等。发现区的活动不作正式评分，教师可以使用检表来记录儿童对自然现象的观察、运用和理解情况。例如，有些儿童注意到物体之间的异同以及随时间而发生的变化；而有些儿童可能在观察的基础上提出一些问题，作进一步的探究。

寻宝游戏

寻宝游戏旨在评估儿童进行逻辑推理的能力。游戏开始前，把不同类型的"宝物"藏在不同的棋子下。游戏的目标是让儿童尽量发现宝物藏处的规则，并运用规则预测某种宝物所藏之处。给每个儿童一个用颜色编码的盒子，让它用来记录他所找到的宝物，但不要指导他如何使用盒子。儿童使用盒子对宝物进行分类的方式反映了他组织信息的能力，并且能帮助他识别规则。

沉浮活动

沉浮活动旨在评估儿童根据自己的观察产生假设并加以实验验证的能力。活动材料包括一盆水、一些下沉和上浮的材料。让儿童对物体是沉是浮做出预测并加以解释。还可鼓励儿童根据自己的想法对材料进行实验、探究。

装配活动

装配活动旨在评测儿童的机械能力。给儿童两个食物研磨机进行拆卸、装配。能否成功地完成此项任务取决于儿童的精细动作技能、视觉空间能力，以及一系列观察和解决问题能力。此活动特别揭示了可能被传统课程所忽视的、但却非常重要的认知技能。

社会活动

教室模型

教室模型旨在评估儿童对教室里所发生的社会性事件和他在教室里的社会性经历进行观察和分析的能力。给儿童一个微型教室模型，配有各种装饰物以及贴着班级老师和儿童相片的立体木制象征物。儿童可以玩扮家家，儿童在教室模型中安排人物的方式反映了他对同伴、教师和社会经历的理解。

问儿童一些问题，有关于他对活动和友谊的偏好以及他同学所偏好的活动和友谊。还要注意儿童所担任的社会角色，如领导者还是促进者等。

同伴互动检表

同伴互动检表可帮助教师对儿童与同伴的交往互动进行密切的观察和评估。在完成检表后，教师能看出儿童是否持续地扮演 4 种典型社会角色中的某一种：领导者、促进者、独立的游戏者、团队成员。每一种角色都和一系列的行为相关联。例如，促进者的儿童常常喜欢和其他儿童分享信息并乐于帮助他人，领导者的儿童常常试图组织他人。

视觉艺术活动

艺术夹

艺术夹用来收藏儿童一整年的艺术作品，包括图画、彩画、拼贴以及三维作品等。教师每年对儿童的艺术夹进行回顾和评阅，评估的标准包括儿童对线条、形状的运用，以及表现和设计等方面，同时也要注意儿童对艺术创作媒介的偏好。

结构性的活动

除艺术夹外，在一年的课程中另设有 4 个结构性的艺术活动，其评价标准类似于艺术夹。活动中，儿童要完成三件绘画和一件三维作品，每个儿童需要完成的任务和接触的材料相同。

音乐活动

唱歌活动

唱歌活动旨在评估儿童在唱歌时保持准确的音高和节奏的能力，以及回忆歌曲音乐特质的能力。在活动中，要求儿童唱一首自己最喜欢的歌和一首流行的儿童歌。另外，儿童还要回忆起活动前老师教唱的一首歌。

音乐感知活动

音乐感知活动旨在评估儿童在不同情境中辨别音高的能力。活动的第一部分，通过录音机播放三段儿童最熟悉的旋律中的头 4 个乐句，让儿童尽快地识别出旋律。第二部分，让儿童倾听一首熟悉旋律的三个不同演奏曲，辨别出正确或错误的演奏。最后，儿童使用蒙台梭利铃铛做两个音高匹配的游戏，这些蒙台梭利铃铛看上去一样，但敲击时却发出不同的音调。

活动风格

活动风格检核表

运用活动风格检核表，教师可以考察儿童处理材料和任务的方式。教师在每次多彩光谱活动结束后为每个儿童填写"活动风格检核表"。活动风格包括坚持性、嬉戏性（playful）、专注、勉强参加、渴望把任务转换为个人兴趣需要等。检表可帮助教师识别儿童是否在某个知识领域或情境中工作最有成效。例如，儿童也许在装配活动或视觉艺术活动中表现专注，但在其他领域却很容易分心；而有些儿童也许在高结构化的活动中很有自信，但在编造故事或用材料做实验的活动中却表现得很迟疑。

附录 B　多彩光谱关键能力

机械与建构

理解因果、功能关系

- 在观察的基础上推测关系
- 理解部分与整体的关系、部件的功能及其组装原理

视觉空间知觉能力

- 能建造或再造平面或立体的物体和简单机械
- 了解机械物各部件间的空间关系

解决处理机械问题

- 试误学习
- 有条理地解决机械问题
- 对信息进行对比、概括

精确动作技能

- 擅长操作小部件、小物体
- 手眼协调能力良好(用榔头时对准螺钉，但不敲到自己的手指)

科　学

观察技能

- 用一种或多种感官仔细观察物体，了解其物理特性
- 经常注意周围环境的变化(如长出的新叶、树上的虫子、细微的季节变化)
- 表现出用绘画、图表、序列卡或其他方法作观察记录的兴趣

区分相似和不同

- 喜欢比较、对比物体和事件

● 会将物体分类，经常注意到物类之间的相似和差异（如比较螃蟹和蜘蛛）

假设和检验

● 在观察的基础上进行预测

● 提出"如果……就……"一类的问题，解释事物之所以然

● 进行简单的实验或实验构想检验自己及他人的假设（例如，将大大小小的石头投到水中看看是否有的沉得快些，用颜料代替水浇植物看有什么现象）

对自然现象的兴趣

● 表现出对各种科学主题的广阔知识；并自发地提供有关的信息，报道自己及他人有关自然世界的经验

● 对自然现象及有关的书籍（如自然史）表现出持久的兴趣

● 对看到的现象习惯性地提出问题

音乐区

音乐感知能力

● 对音乐力度变化敏锐感知的能力（刚 、柔）

● 对速度和节奏的敏锐感知能力

● 分辨音高

● 辨认音乐及音乐家的风格

● 辨认不同的乐器和声音

音乐演奏、演唱

● 能保持准确的音高

● 能保持准确的速度和节奏型

● 演唱和演奏乐器时富有表现力

● 能再认和再现歌曲和其他音乐作品的音乐特性

音乐创作

● 创造出有开端、高潮和结尾的音乐作品

● 创造简单的记谱体系

运动区

身体控制

- 能意识到身体各个部分并能分别运用
- 能有效地计划，连贯地完成运动即动作不是随意的，凌乱的
- 能够重复自己和他人的动作

节奏感

- 随固定或变化的节奏（尤其是音乐）运动（例如，随节奏做动作，而不是对节奏变化没有意识或置之不顾）
- 能够找到自己的运动节奏并达到满意的效果

表现力

- 通过手势和身体姿态激发情绪，可以用语言、道具和音乐来激发运动
- 能做出配合乐器或音乐的情调的反应（例如，用轻快、流畅的运动与抒情诗相配，用有力、断断续续的运动与进行曲相配）

产生运动、动作概念

- 能通过语言及身体说出有趣和有新意的动作，或能提出更多的运动思路（例如，建议儿童伸出手臂看起来像天上的浮云）
- 能用新颖的动作表达思想和观念
- 设计一个简单的舞蹈，并教别人

对音乐作出反应

- 对不同的音乐有不同的响应
- 听音乐时表现出较强的节奏感和表现力
- 找到一个可以自由运动的空间（水平或垂直），能在其中自如地进行各种水平的活动
- 在公共区域考虑到他人的运动
- 在空间中尝试移动身体（如转身、旋转）

数学区

数字推理

- 熟练地计算（如找到简便的方法）
- 会估算
- 熟练运用数量表示物体及数据（通过记录、发明有效的符号系统、作图表等）
- 能明确数与数的关系（如概率、比率）

空间推理

- 发现空间模式
- 熟悉拼图
- 用想象使问题具体化、概念化

解决逻辑问题

- 不囿于单个事实，能关注事实间的关系及条理
- 进行逻辑推理
- 总结规律
- 产生并运用策略（如在竞赛时）

社会区

理解自我

- 说出自己的能力、技能、兴趣和有困难的领域
- 反思自己的情感、经历和成就
- 利用这些思考理解和引导自己的行为
- 表现出对影响一个人在某个领域表现出色和比较笨拙的众多因素的洞察力

理解他人

- 表示对伙伴及其活动的了解
- 与他人交流的意向

- 了解他人的思想、情感和能力
- 在了解别人的活动的基础上对别人作出评价

对各种社会角色的扮演

领导：

- 常发起、组织活动
- 组织其他孩子
- 为其他人分配角色
- 说明活动如何进行
- 监督、指导活动

促进者：

- 经常与别的儿童分享观念、信息和技巧
- 调解冲突
- 邀请其他孩子参加游戏
- 扩展、细化别人的观点
- 当别的孩子需要关心时提供帮助

保护人/朋友：

- 当别的孩子沮丧时，给予安慰
- 能比较敏锐地了解其他儿童的情绪
- 对朋友喜欢的和不喜欢的表示理解

语言区

有创意地讲述故事

- 在讲述时运用想象力和创造性
- 喜欢听故事和讲故事
- 表现出对编写故事情节，刻画人物形象、人物心理、描述场景、人物态度，对话等的兴趣及与此相关的能力
- 表现出表演装扮的能力或表演天赋，包括能表演不同的风格、富有表现力和扮演各种角色的能力

语言描述及报道

● 准确、连贯地叙述事件、情感和经历（如用恰当的先后次序，适当的细节，能区分想象和事实）

● 准确说明、描述事物

● 对描述物体的发生发展过程的兴趣

● 进行合理的争论和询问

运用诗歌体裁及巧妙的应对

● 喜欢并善于运用双关、押韵和隐喻等巧言妙语

● 会玩音义游戏

● 表现出学习新词汇的兴趣

● 幽默

艺术区

视觉艺术：感知能力

● 感知周围环境和绘画作品中的视觉要素（如颜色、线条、形状、图案和细节等）

● 对不同的艺术风格有敏锐的洞察力（如能区分抽象派、写实派、印象派等绘画流派）

视觉艺术：创作能力

● 表现能力：能用平面和立体的形式，准确表现视觉所见

● 为一般物品设计出容易辨认的符号（如人、植物、房屋、动物等），能恰当地安排空间布局，使整个作品协调

● 运用比例，细节特征的描绘，色彩的有意选用

艺术性

● 能运用各种绘画要素（线条、色彩、形状等）表达情感，产生特定的效果，能画装饰和立体图形

● 能画出真实的表情（如微笑的太阳、哭丧的脸）和抽象的特征（如用暗色的线条或低垂的线条表示悲伤）表达强烈的情感，绘画和雕刻作品

富有表现力——或生动、或悲伤、或有力度感

● 对装饰有兴趣

● 绘画作品色彩亮丽，有较好的平衡感和节奏感

探索性

● 能灵活而富于创造性地运用艺术材料(如尝试使用颜料、粉笔、黏土等)

● 用线条和形状制作平面或立体的各种形式的作品(如开放式的、封闭式的、爆发式的、受控式的等)

● 能尝试各种主题或题材的作品(如人物、动物、建筑、风景等)

附录 C　关于作者和编者

陈杰琦

芝加哥艾里克森学院儿童发展与早期教育系副教授。中国北京师范大学学士学位，塔夫茨大学哲学博士学位。在哈佛零点项目研究组担任研究员，在中国山西师范学院担任讲师。主要研究幼儿各领域能力的发展、新的评估、学校改革和儿童发展中的文化差异。其成果被收入《超越传统智力评估：当代和现代理论、测试及问题》（D. P. Flanagan，J. L. Genshaft & P. L. Harrison 主编）以及《国际教育》杂志。

大卫·亨利·费尔德曼

塔夫茨大学艾略特－皮尔逊学院儿童发展系教授。自 1974 年就工作于该系。他拥有罗彻斯特大学、哈佛大学和斯坦福大学的学位，并于 1969 年获得哲学博士学位。他的研究兴趣涉及发展理论、认知发展的过渡和转变、极端的智力发展以及创造力等。著有《超越认知发展的普遍性》《自然的开局：神童与人类潜能发展》（与 Lynn T. Goldsmith 合著）《改变世界：创造力研究的框架》（与 Mihaly Czikszentmihalyi & Howard Gardner 合著）等书。

霍华德·加德纳

约翰·H. 和伊丽莎白·A. 霍布斯认知与教育学教授，哈佛大学心理学兼职教授，波士顿医科大学兼职教授，哈佛零点项目主要负责人之一。1981 年获麦克阿瑟奖学金，1991 年因其多元智能理论获路易斯维尔大学格乐威弥尔（Graweneye）教育奖金。20 世纪 90 年代集中研究典型的创造者及领导者的个案，试图探究不同领域的前沿工作与社会责任感之间的关系。他撰写的著作多达 18 本，其中包括《智力的结构》《艺术、智力和大脑》和《卓越的智力》等。

艾米丽·伊斯伯格

自由撰稿人，编辑。哈佛大学学士学位、哥伦比亚新闻研究院硕士学位。曾任美国上议院的助理新闻秘书、《蒙哥马利市卫士》的新闻记者、《哈佛大学学报》科学版记者、中小学教师。她的文章见诸《华盛顿邮报》《哈佛杂志》《波士顿杂志》，曾写过一本儿童读物——《最佳表现：运动、科学和运动着的身体》。

玛拉·克瑞克维斯基

《多元智能理论与学前儿童能力评价》一书的作者。耶鲁大学哲学和心理学学士。担任哈佛零点项目研究员长达 15 年，1987～1992 年任多彩光谱项目的负责人，研究多元智能在学前领域的运用。她与全国各地的学校进行交流讨论，写了无数篇文章(包括参与书中部分章节的撰写，许多文章乃是与霍华德·加德纳合写)，在国内外开过许多有关多元智能及其教育应用方面的讲座。她主持一项哈佛零点项目与意大利瑞吉欧·伊米莉亚市立幼儿机构的跨文化合作研究项目，力图找到记录和评估集体学习的方法。

朱莉·维恩斯

哈佛大学教育学硕士、新学院(Sartlsota，Florida)担任哈佛零点项目研究员长达 10 年，研究多元智能理论在教育中的应用，对将多元智能理论如何应用在母语为非英语人群及处境不利的人群尤其感兴趣。她是哈佛大学成人学习和读写研究中心受国家资助的一个项目——成人多元智能项目的负责人之一，也是《通向多元智能之路：职业发展指导》一书的作者之一(该书的另外两位作者是 B. Slatin 和 S. Baum，顾问为霍华德·加德纳)。